戦争と嘘
満州事変から日本の敗戦まで

井上寿一

ワニブックス
|PLUS|新書

はじめに

フェイクニュース

今も昔も戦争に嘘はつきものである。

二〇二二年二月にロシアのウクライナ侵攻が始まった。翌月、ある動画が世界を駆けめぐった。その動画ではウクライナのゼレンスキー大統領が自国の兵士や市民にロシア側への投降を呼びかけていた。この動画は人工知能（ＡＩ）で本物のようにみせかけるディープフェイクで、サイバー攻撃を受けたとみられるウクライナのテレビ局のウェブサイトから拡散して、ＳＮＳで共有された。あの動画をリアルタイムで観たとすれば、フェイクと見抜くのはきわめて困難だったにちがいない。それほど本物そっくりだった。

同じ三月、キーウ近郊のブチャでロシア軍による大量虐殺事件が起きる。在日ロシア大使館は翌四月、ＳＮＳにブチャ虐殺はでっち上げ、「ウクライナの自作自演」と動画を投稿した。しかし衛星写真などと比較して分析した結果、ロシア側の動画は多数の遺体が見つかった「死の通り」とは別の通りで撮影されたものだった。

これら二つの事例は、ロシア側がウクライナ侵攻を正当化するためのフェイクだったようである。

戦争の際のフェイクニュースは今に始まったことではない。湾岸戦争の時もそうだった。湾岸戦争のさなか、ペルシャ湾に原油が流出した。その結果、サウジアラビアの沿岸が汚染された。新聞は石油まみれで真っ黒になった水鳥の写真を掲載した。

一九九一年一月二六日の『朝日新聞』夕刊の一面もそうだった。この記事によれば、「ブッシュ米大統領は記者会見で、流出はイラクが意図的に行ったものとして、『環境破壊』を激しく批判」した。のちにブッシュ大統領のイラク批判は誤りだったことがわかる。石油の流出は米軍の攻撃にともなうものだった。

『朝日新聞』の紙面構成に対して公平を期すと、同じ紙面の右下に小さくではあるけれども、イラク政府が国連で、石油流出は米軍機がイラクのタンカーを爆撃した際のものと非難した旨、報じている。イラクの主張の方が正しかった。

それでも石油まみれの水鳥の写真は国際的な訴求力があった。この写真によって日本国内でもイラク非難が強まっただろう。

さらに戦争をめぐる嘘がやっかいなのは、嘘をつく方が不正義とは限らないからである。水鳥が石油まみれになった責任はアメリカにあったとしても、戦争を引き起こしたイラクの方こそ不正義かもしれない。ハンナ・アーレント（ユダヤ系ドイツ人の女性政治哲学者、ナチス批判を意図する主著『全体主義の起原』でよく知られる）やジャック・デリダ（フランスの哲学者、著書に『嘘の歴史　序説』がある）の言説を持ち出すまでもなく、政治における嘘が悪とは限らないからである。

フェイクニュースは近代の日本にもあった。もっともわかりやすいのは第二次世界大戦中の大本営発表だろう。今日でも虚偽の公表の比喩として大本営発表と呼ばれることがあるのは周知のとおりである。

大本営発表は戦時中のプロパガンダの一手段だった。プロパガンダを「国民が受け入れることができる政治宣伝と戦争報道」と定義づけると、近代日本におけるプロパガンダの歴史的起源は、日清戦争時にまでさかのぼることができる。

国内外に対する「政治宣伝」である以上、プロパガンダは嘘や虚偽とは限らない。プロパガンダとパブリック・ディプロマシー（広報外交）とは紙一重である。パブリック・ディプロマシーによって他国の政府だけではなく国民世論に働きかける。このことの重要性が認識されるようになったのは、第一次世界大戦時にアメリカのウッドロー・ウィルソン大統領が新外交（旧外交＝秘密外交に対する新外交＝公開外交）を提唱したことに始まる。

第一次世界大戦はつぎの戦争がさらに大規模な総力戦になることを示した。国家のすべての力を合わせて戦争を戦う。そのような総力戦の手段は軍艦や戦車、戦闘機だけではなく、宣伝もそうだった。第一次世界大戦後、日本は他国と同様に、パブリック・ディプロマシーと宣伝戦に備えるようになる。

流言飛語

プロパガンダやパブリック・ディプロマシー、宣伝戦がメディアを介して上（政府）から下（国民）に伝えられるのに対して、流言飛語（デマ）は下から上に影響を及ぼす。噂や風評、デマであっても根も葉もないとは限らない。流言飛語もそうである。

流言飛語を主題とする研究の古典によれば、「それ（流言飛語）は言うまでもなく社会が危機に直面し、その秩序が既に幾分か動揺している時に生ずるものである」。そうだとすれば、流言飛語としてすぐに思い浮かぶのは、関東大震災時の朝鮮人虐殺だろう。大規模な自然災害によって社会が危機に直面する。この時、朝鮮人が井戸に毒を入れたとの流言が広がる。たしかな根拠もなく、流言飛語に踊らされた自警団によって朝鮮人が虐殺された。

「社会が危機に直面し、その秩序が既に幾分か動揺している時」はほかにもある。戦前昭和の時代が全体としてそうだったと言っても過言ではないだろう。

一九三一（昭和六）年九月一八日に始まる満州事変にともなう対外危機に社会が直面

したのは、立憲政友会と立憲民政党の二大政党制が「既に幾分か動揺している時」だった。断続的に続く対外危機は、日中戦争を招き、真珠湾攻撃へと至る。この過程で流言飛語が飛び交うことになった。

嘘をめぐる政治の歴史

以上を踏まえて本書は、満州事変から日本の敗戦に至る時期における嘘をめぐる政治の歴史をたどる。

I章が扱うのは、満州事変の勃発から国際連盟脱退通告に至る一方で、国内では五・一五事件を経て政党内閣が崩壊する時期である。ここではプロパガンダに用いられたメディアとして、新聞やラジオだけでなく、ポスターやビラにも言及する。

II章では当時「非常時小康《しょうこう》」と呼ばれた時期において、パンフレットや怪文書が横行したことに注目する。パンフレットや怪文書は流言飛語を引き起こす。この章では流言飛語によって何がもたらされたのかを明らかにする。

Ⅲ章はプロパガンダ戦争としての日中戦争が主題である。この戦争では銃後の日本国民に対する宣伝の手段として写真が多用された。敵国中国に対して用いられたのは、伝単（宣伝ビラ）だった。

Ⅳ章で再現されるのは、ラジオやグラフ雑誌によって媒介される対米戦争のプロパガンダや戦況の悪化にともなう国内の流言飛語の果てに玉音放送に至る過程である。

Ⅴ章では政府の嘘に騙《だま》されたとの被害者意識を持つ国民の敗戦と占領の受容を追跡する。ここに同時代の国民にとって戦争とは何だったのかが明らかになる。

戦争をめぐる嘘は国家を崩壊に導きかねない。実際のところ戦前昭和の日本は崩壊した。戦争をめぐる嘘が及ぼす重大な影響は、時代が異なっても変わらない。そうだとすれば、今日の軍事紛争・戦争を考える際に、日本の戦争の嘘をめぐる歴史から重要な示唆を得ることができるだろう。

戦争と嘘　目次

凡例

・引用は読みやすさを優先させた。
・原則として漢字は新字体・常用漢字に、かなづかいは現代かなづかいに、カタカナをひらがなに改めるなどの変更を加えた。
・明らかな誤字は訂正した。
・ルビを振り、句読点を補ったところがある。
・引用文中の〔 〕は著者による補足である。
・〔……〕は著者による省略であることを示す。
・引用文中に今日では差別・偏見ととられる不適切な表現があるものの、歴史資料であることを考慮して、原文のままとした。

Ⅰ章　満州事変

柳条湖事件

一九三一（昭和六）年九月一八日の夜一〇時過ぎ、満州（現在の中国東北部）の奉天《ほうてん》（現在の瀋陽《しんよう》）郊外の柳条湖《りゅうじょうこ》付近で、南満州鉄道（満鉄）の線路の一部が爆破された。現地の日本軍（関東軍）と中国軍との交戦が始まる。翌日午前七時『東京朝日新聞』の号外は、この柳条湖事件をつぎのように報じている。

「三、四百名の支那兵が満鉄巡察兵と衝突した結果、ついに日支開戦を見るに至ったもので、明《あきら》かに支那側の計画的行動であることが明瞭となった」

今では柳条湖事件が関東軍の謀略だったことは周知の事実となっている。それでは新聞は嘘をついたのか。結果的に誤報だったことはまちがいない。しかし意図的に嘘をついたとまではいえない。このような内容になったのは、現地の奉天通信局や通信社からの電報、陸軍・外務省への入電に頼らざるを得なかったからである。

現地軍の機密保持は徹底していた。爆破の直後、すぐに武装した憲兵下士官が奉天通信局に派遣され、新聞電報や奉天総領事館から東京の外務省本省への公電もすべて厳重に検閲した。発信することができたのは、検閲済みの新聞電報に限られた。その電報は日本側の軍事行動を是認するものだった。

このような監視下では林久治郎《はやしきゅうじろう》奉天総領事発幣原喜重郎《しではらきじゅうろう》外相宛の「至急極秘」電も知ることができなかった。この「至急極秘」電にはつぎのように記されていた。

「今次の事件は全く軍部の計画的行動に出《い》でたるものと想像せらる」

それでは新聞は軍部が情報操作をしたとおりに報道したのか。そうとも限らなかった。たとえば『大阪朝日新聞』は二〇日の紙面でつぎのように報じている。

「本事件は一局部のものとして速かに解決を図りたい、全面的の衝突となるを極力避けなければならぬ。〔……〕特に此際出先き軍部に対して必要以上の自由行動をせざるよう厳戒すべきである」

このように『大阪朝日新聞』がいち早く不拡大・現地解決を唱えたのには、それ相当の理由があった。

『大阪朝日新聞』は「大正デモクラシー」の旗手として、普通選挙制度と軍縮の実現を掲げて論陣を張った。その基本姿勢は昭和時代に入っても変わらなかった。それゆえ『大阪朝日新聞』は、柳条湖事件の前日（九月一七日）の紙面で、若槻礼次郎《わかつきれいじろう》首相に、概略つぎのように求めている。

「昨今満蒙〔満洲＝中国東北部と蒙古＝内モンゴル〕問題の論議」が激しくなっている。このような状況のなかで、「軍部の昂奮《こうふん》を善導して意外の脱線行為」がないようにしながら、対中国外交で「清新味を加えその基礎の上に国際正義に本づく近代的外交の殿堂を築き上げげんことを」。

ここには協調外交路線を支持する『大阪朝日新聞』の立場が明確に示されていただけでなく、同時に、翌日に何が起きるかを予見しているかのようだった。

軍部は世論操作のためならば、新聞に対して買収工作をするのもいとわなかった。しかし軍部にとってやっかいだったのは、『大阪朝日新聞』のような新聞論調よりも若槻内閣の事変不拡大方針の方だった。憤慨した関東軍の片倉衷《かたくらただし》大尉は、九月二四日の「機密政略日誌」に、政府の真意を疑いながら、南次郎陸相の不決断への失望を記している。

関東軍の焦慮《しょうりょ》は続く。一〇月二日の「機密政略日誌」には「近時政府並《ならびに》陸軍中央当局の言として発表せらるる所極めて不謹慎にして却《かえり》て〔逆に〕世人の誤解を招き将来の対策を誤り軍士卒の志気に影響する所甚大」と記されている。関東軍からすれば、本国政府は不拡大方針で、世論の動向も政府の影響を受けていた。

世論の動向

そこで賭けに出た現地軍（関東軍）は、一〇月四日、「満蒙在住三千万民衆の為共存共栄の楽土を速《すみやか》に実現せんことは衷心《ちゅうしん》熱望して已《や》まざる所〔心から熱望しないではいられない〕」と声明を発表する。

新聞各社が報じたこの声明の効果は大きかった。

関東軍によれば、この声明が「国民輿論《よろん》を激憤熱狂せしめたることは与《あずか》って力ありしなり〔有力に役立った〕」。新聞は関東軍の発表を鵜《う》呑《の》みにして報じるようになる。扇動的な記事を載せれば載せるほど、新聞の売り上げ部数は伸びた。新聞各社は現地の兵士たちへの慰問金を募り、その金額を競い合った。

新聞記者のなかには真相を知りながら、満州事変を擁護する者もいた。

『大阪毎日新聞』門司《もじ》支局の野中盛隆記者は、満州事変勃発にともなって、現地に特派された。一〇月二日に戻って来ると、友人たちにつぎのように語っている。

「鉄道破壊の如きは日本軍が爆弾を以て自ら爆破し支那側の行為なりとして支那兵営を占領したるものの如し」

それでも彼は満州事変を擁護する。

「満洲に於《お》ける支那人の邦人に対する圧迫は事実なるが故に之を排撃する意味に於ては日本軍の処置も亦已《またや》むを得ざる所なり〔またやむを得ないところである〕」

関東軍の謀略であるとわかっていても本心から満州事変を支持しているのだから、新聞の報道の大転換は、強いられたというよりも、自主的な判断に基づいていたと解釈した方がよさそうである。

『大阪朝日新聞』の社論も、関東軍の声明にさき立つ一〇月一日、「満蒙の独立／成功せば極東平和の新保障」との論説を掲げて、一八〇度の転換を遂げている。

この当時、外務省の情報部長だった白鳥敏夫は、敗戦後の東京裁判における宣誓供述書のなかで、新聞に扇動された世論の転換をめぐって、つぎのように述べている。

白鳥は幣原外相の命により、「事件の平和的調整を支持する世論を動員せんが為《た》め全力を尽し」た。ところが「これ迄《まで》一般に外務省に同情的であると想像されていた新聞紙も〔……〕我々の呼び掛けにたやすく共鳴」しなかった。「この一般雰囲気の変化は殆《ほと》んど一瞬にして発生した」。このように「新聞紙及び世論が強力政策の味方に立ったので、外務大臣及び其の部下は、外務の伝統を活かすことに大なる困難を感じた」。

白鳥の供述に嘘はなかった。白鳥は霞が関の外務省の伝統的な対欧米協調路線の系譜に属していた。白鳥は外務省の国際協調派を代表する石井菊次郎の甥であり、「幣原外交の寵児」と持て囃《はや》されていた。

しかしこの供述は都合の悪いことを回避していた。裁判で被告人として裁かれようとしていたのだから、当然だった。満州事変を直接のきっかけとして、白鳥はそれまでの対欧米協調路線から一八〇度、転換する。

満州事変をめぐるアメリカに対する白鳥の挑発的な言動から、ジョセフ・C・グルー駐日米国大使はつぎのような印象を受けた。

「白鳥氏は外国の特派員に対してセンセーショナルな（そしてしばしば誤解を招きやす

い）談話を提供することに喜びを見出している」。

国際協調路線を捨てて「皇道外交」を主張するようになった白鳥は、対独伊枢軸国接近を強める。結局のところ、このような経歴が災いして、白鳥は東京裁判において終身禁固刑の判決を受けた。

他方で自ら引き起こした謀略にもかかわらず、中国側の仕業であるとして嘘に嘘を重ねて事変を拡大していた関東軍は、世論の動向を楽観していなかった。

二宮治重《にのみやはるしげ》関東軍参謀次長は、本庄繁《ほんじょうしげる》関東軍司令官宛の書簡において、「今日国民中表面には異論を唱うるものなきも、心底からの全国民の理解真の国論の統一殊に其信念と熱度とに至りては未だ十分とは認め難く」と記している。

二宮が憂慮したのは、国際連盟や外国（とくにアメリカ）の日本非難が国内の世論に及ぼす影響だった。二宮はこの書簡のなかで、つぎのように述べている。

「茲《ここ》に考慮すべきは今日の時世の如く外国の気流が極めて敏速に国民に感知せらるる時、敏感に国民の脳裡を刺激し一時は亢奮《こうふん》状態に於て軍部を支持乃至《ないし》は之に追随するも、その中には次第々々に離れて欧州大戦間に於ける独逸《ドイツ》国情の実例に近づかんこと、決して杞憂《きゆう》とのみは思われざる様存ぜられ候」

満州事変をめぐって国際世論が非難を強めれば、民心の離反を招く。国際世論が関東軍の嘘を暴けば、国内世論も反転する。関東軍はこのことを憂慮していた。

満州事変は対外危機であると同時に国内危機でもあった。満州事変を軍部による政党政治への挑戦と受け止めた政党の側は、二大政党が協力内閣を作って軍部を抑制する方向をめざす。

協力内閣構想の浮上にともなって、現地軍の勢いにブレーキがかかるようになる。そうなると立憲民政党の若槻礼次郎内閣は、単独で事態を乗り切ろうとする。若槻内閣のなかでも幣原外相と井上準之助大蔵大臣のふたりが単独内閣で譲らなかった。それならば野党の立憲政友会は、敵に塩を送るようなまねなどしなくなる。ここに協力内閣構想が瓦解する。このような国内政治の混乱の間隙を縫うかのように、現地軍は勢いを取り戻して、事変を拡大する。

その結果、若槻内閣は、事実上、事変不拡大の失敗の責任をとって総辞職した。後継の立憲政友会の犬養毅《いぬかいつよし》内閣は、事変不拡大に関して有効な手を打てなかった。満州事変の拡大は、一九三二（昭和七）年三月一日に満洲国の建国に至る。嘘の積み重ねの結果は、虚構の国家＝満洲国の成立だった。

前線と銃後のプロパガンダ

満州事変はプロパガンダの戦争でもあった。中国側の新聞は日本軍の残虐性を誇張して伝える。たとえば柳条湖事件の翌一〇月の日本軍による錦州《きんしゅう》爆撃の様子は、グロテスクな表現をもって報道されている。

「死者の頭はただれ崩れ、腹部が破れ、腸が飛び出し、血肉が糊のようになっていた」

嘘ではなかったのだろう。しかしこれほど細かく描写する必要があったのか。日本に対する敵愾《てきがい》心を煽《あお》る目的で、意図的にグロテスクな表現が用いられたようである。

日本側にも戦死者が出ていたのはいうまでもなかった。外山豊造《とやまぶんぞう》憲兵司令官が二宮関東軍参謀次長に宛てた報告（一九三一年一〇月一〇日付）によれば、宮城県における戦死者は二九名で、職業別では農業の一六名がもっとも多かった。この報告にはたとえばつぎのような遺族などの発言が記録されている。「大義名分の確立せざる外交の失敗により犠牲となれる軍人其者のみ気の毒なり」。あるいは「弾丸は貧困者の子弟を選んで命中せり」。

このような遺族の発言などから外山憲兵司令官は、遺族のなかには「不満」を持つ者が日を経るにしたがって「不穏言動」をするようになるかもしれず、「不健全分子の策動」には十分な注意を払うべきだと指摘している。

満州事変は上海に飛び火して、一九三二（昭和七）年一月二八日に日中両軍が衝突する。二月二二日、三人の一等兵が爆弾を抱えて敵の鉄条網を突破して、爆死した。彼らは「爆弾三勇士」として讃《たた》えられるようになる。新聞はもとより、映画や歌舞伎、人形浄瑠璃、軍歌、田河水泡《たがわすいほう》の漫画『のらくろ上等兵』などで「爆弾三勇士」が取り上げられる。

大衆社会状況のなかで、戦争熱はこのように煽られた。

中国の排日ポスター

中国側も負けてはいなかった。敵愾心を煽ることで、国民を戦争に動員した。そのプロパガンダの手段の一つとなったのが排日ポスターだった。

在満の日本の新聞社＝満洲日報社は、「時局ポスター展覧会」を開催して世論の啓発に努めた。そこに展示されたポスターは、『時局及排日ポスター写真帖』と題する書籍となって、一九三一（昭和六）年一二月に発行された。約二ヵ月で四刷になっているから、注目されたようである。

同書は冒頭で問いかける。

「今回の満洲事変は、どうして勃発したのでありましょうか」

もちろん関東軍の謀略と書くはずはなかった。

「いう迄《まで》もなく友邦支那の軍閥政権者流が、夙《つと》に善隣の誼《よしみ》を忘れて、排日、侮日の宣伝に終始し、果ては我帝国の生命線たる満洲の既得権益をさえ蹂躙《じゅうりん》するに至った結果であります」

この一節で特徴的なのは、「宣伝」戦の持つ効果を強調していることである。「侮日的であり、挑戦的であり且つ背信的」なこれらのポスターは「支那の民衆に対日的敵愾心を起させ、以て今日の事態を惹起するに至った」。これほどまでに「宣伝」には力があることに対して、「深く考慮せねばならぬものがありましょう」。それゆえ「隣邦支那の現状に対し吾国民の認識を深める好個の資料」として、この本が刊行されることになった。

もっとも過激な排日ポスターが展開されていたのは上海だった。この本は「親日」的なあるアメリカ人の発言を引用している。

「上海における排日貨〔日本商品のボイコット〕ポスターの多さに驚いた――それが文字抜の画ばかりで猛烈な排日熱を煽り、日本はいい国民だと親しみをもっている自分さえ上海にいると日本人はまるで悪い国民だと思わせる程だった」

中国の排日ポスターによる宣伝戦は、効果覿面《てきめん》だったようである。

排日ポスターは善＝中国と悪＝日本の戦いとして表現されている。ある排日ポスターでは「満蒙の樹木に毒蛇がうねっている」。この毒蛇は日本である。この毒蛇に対して中国人が鉞《まさかり》で立ち向かっている。「宣伝に用いるものは人の嫌がるものを日本に当てはめる」手法に対して、敵の宣伝ながら、「支那は宣伝第一位の国である」と感心してみせるほどの出来のよさだった。

排日ポスターは、上海でそうだったように、排日貨を訴えるものが多かった。あるポスターは「臥薪嘗胆、誓って国恥を雪《そそ》げ」と経済断交を呼びかけている。このポスターに対する日本側の説明は、「満洲事変に反対の気勢をあげるため彼等の常套手段」となっている。

日本政府が中国の排日・排日貨運動に手を焼いていたことを想起すれば、ポスターによる宣伝戦は中国の方が優勢だったようである。

排日ポスターには中国国民を鼓舞して立ち上がらせる意図を持つものもあった。たとえばあるポスターは「同胞よ、諸君は満洲事変を坐して静観するのか」と国民を煽っている。あるいは「我等はシッカリ抵抗すれば日本兵は恐れるに足らぬ」と奮起を促すポスターもあった。別のポスターは骸骨《がいこつ》の絵を掲げている。そこには「国を救わねば将《まさ》に骸骨だ」と記されていて、「亡国の警告」となっていた。このポスターのように、「骸骨を使用する宣伝」が多かったようである。

骸骨は日本軍の残虐性を象徴する際にも用いられる。

「日本兵が過ぎて行くところは満地枯骨《ここつ》〔朽ちはてた骨〕だ」

このポスターには無数の骸骨が転がっている。このポスターの出来は「これはうまい」と日本側の説明がほめるほどで、「骸骨が非常に宣伝用となっている」と感心しきりだった。

つぎのように感心している例もある。

日本兵が行くさきには中国人が倒れている。

「放火、殺人、強盗、姦淫をすると――彼等民衆が常に受けている被害縮図を想像して日本兵に当てはめた巧智〔巧みな知恵〕がよい」

日本兵がこのような蛮行をするはずはないと示唆する意図も含めて、「放火、殺人、強盗、姦淫」で中国の民衆が酷い目にあっているのは、中国の責任であるとしている。

さらにこの本は中国の学校教育において排日・反日教育がおこなわれていることに日本人の注意を喚起する。この観点からいくつかの排日ポスターが例示されている。そのうちの一つは「明徳中学附属小学」宣伝部の作品で、「満洲事変を揶揄《やゆ》し飛行機や軍艦の遠征で市民が城門から逃げるところ」を描いている。日本側の説明によれば、「構図の巧み」だったのは、「宣伝指導員の筆」によるものだったからである。

日本側からみても出来がよかったポスターは、上海芸術専門学校の宣伝部によるものだった。煉瓦塀に張られたポスターには「完《まった》く無抵抗でいる時に強盗が品物を盗んで出て行く」と記されている。「強盗」が日本軍であることはいうまでもない。無抵抗主義を批判したポスターだろう。

同じ学校の「抗日会」のポスターはつぎのように檄《げき》を飛ばしている。

「諸君は一心に東三省を占拠した日本の獣兵を駆逐せよ」

その図柄は中国兵が狼＝日本兵を射撃していた。「芸術専門学校の生徒だけに頭がよい」と妙な感心の仕方をしている。

上海ではとくに排日・反日の気運が強かった。「上海市中は排日ポスターとビラの洪水である」とのキャプションのついた写真には電車にポスターやビラを張りつける様子が写っている。

中国国民に対する啓発運動も排日・抗日の観点から解釈される。「識字運動」のポスターがある。このポスターは「字を識《し》らぬものは盲目だ」と中国国民党が全国的に「大衆の文盲《もんもう》退治」を指導したものだった。この「識字運動」のポスターに対する日本側の説明によれば、「其の本来の目的は国民への真の自覚でなくて排外排日運動の工作」だったことになるようである。

別のポスターも同様に解釈される。上海で発行された「通俗教育の掛図」には「好い国民となる道は斯《こ》うである」と記されている。日本側の説明は言う。「このうちには排日的のものも含まれている」。図柄を見るだけではどこが「排日的」なのかわかりにくい。ともかくも学校教育から国民への啓蒙運動に至るまで、排日・反日が教え込まれていると内地の日本国民に知らせることがこの本の目的だった。

この本によれば、悪いのは中国だった。「満洲事変は支那の計画的排日、侮日から勃発した」ことになっている。「それは如何に多くの排日書籍と雑誌が発行され、其の上官憲のバックを有する民衆団体を標榜した有力なる排日団体が組織されたかによって判る」。

対する日本は長年、「自重」したにもかかわらず、「最後まで侮辱されていた」ことになる。柳条湖事件勃発直後の一〇月一三、一四日のある戦闘の際に、中国側が遺棄した国民政府の「青天白日旗」に「打倒日本、恢復《かいふく》中華」と記されていた。日本側の説明は「如何に支那官兵の間に排日の風潮が盛んであったかと判る」と言う。中国側を責めてはいても、中国のナショナリズムによる抵抗の強さを印象づけることになったのではないか。

全体としてこれらの中国の排日ポスターは、宣伝戦が容易でないことと満州事変のゆくえのきびしさを暗示しているかのようだった。

満洲国の理想と現実

満州事変をめぐる日中宣伝戦において、日本側が劣勢に陥っていることは、関東軍のよく自覚するところだった。柳条湖事件の勃発から一ヵ月後の本庄関東軍司令官の「状況報告」はつぎのように記している。

この「状況報告」によれば、満州事変の「根本原因」は「積年」の「支那軍閥官僚」の主導による「侮日行為」にある。関東軍は「自衛権の行使」として出動した。このような「正当なる事実と合法的理論の普及徹底」を期しながら、世論喚起がおこなわれている。ところが実際は、関東軍によれば、「満蒙の実相を弁《わきま》えず」、中国側の多年にわたる日本を侮辱する行為を非難することなく、どうかすると中国側の「巧なる誇張宣伝に惑う徒輩」が少なくない。ために「我国策」や「軍の行動に影響」が及んでいるのは「遺憾」とするところである。

その後の満州事変の拡大にともなって、関東軍は国内世論を転換させることに成功する。しかし中国に対する宣伝戦として、中国側の非を唱え「自衛権の行使」と正当化するのは無理があった。

さかのぼること日露戦争後の一九〇七（明治四〇）年、この年に策定された「帝国国防方針」において、陸軍の仮想敵国はロシア（のちにソ連）となった。一九三〇年前後になると、軍事力を増強しているかにみえたソ連に対する脅威認識が強まる。関東軍は対ソ戦の戦略的拠点・軍事資源の供給地として、「満蒙」地域の排他的な支配を目論むようになる。関東軍の立場は「満蒙」の排他的支配＝「満蒙領有」だった。

しかしこのような植民地の直接統治に似た「満蒙領有」論は、国際的な正当性を欠いていた。すでに第一次世界大戦後、欧州では脱植民地化にともなって新興独立国が生まれていた。アジアでは一九一九（大正八）年に朝鮮民族の独立運動＝三・一運動と中国のナショナリズム運動＝五・四運動が起きていた。それから一〇年以上が経過したなかで、あからさまな植民地支配は困難になっていた。

このような現実を前に、満州事変の首謀者のひとりで「満蒙領有」論者の石原莞爾《いしわらかんじ》は、柳条湖事件の勃発から四日後には「九月二二日案」として知られる「満蒙」独立国家案にまで後退している。関東軍は初めから「王道楽土」の満洲国を作ろうとして満州事変を引き起こしたのではなかった。

石原たちにとってはやむを得ず独立国家を作ることになったのだから、満洲国の理想は後づけである。満洲国は「世界政治の模範となす」との理想を掲げた。しかし実際には満洲国は日本の傀儡《かいらい》国家だった。満洲国は日本の意のままに動かされ、成文憲法を持つことすら許されなかった。満洲国は「五族協和」の理想を掲げた。しかし五族（日本人・漢人・朝鮮人・満洲人・蒙古人）には明確な序列があった。「一等は日本人、二等は朝鮮人、三等は漢・満人」だった。

関東軍は満洲国を日本の意のままにするために、満洲国の政治機関に日本人の顧問を設けて、満洲国を指導監督しようと考えた。しかし建前上とはいえ、満洲国は独立国家なのだから、あるいは「五族協和」の理想に照らしても、このような考えには無理があった。

満洲国側からすれば、外国の軍隊の関東軍が満洲国の統治に関与するのは内政干渉である。独立国家の体裁をとる国が内政干渉を認めるわけにはいかない。そこで関東軍の権限として「内面指導権」との架空の権限が生まれる。満洲国の法律体系に根拠を持たないこの「内面指導権」によって、日系の官吏が採用され、現地の日本人軍人による軍事指導もおこなわれるようになる。

偽満洲国

満洲国は独立国家の体裁をとった。独立国家である以上、元首が必要だった。関東軍は清朝最後の皇帝＝溥儀《ふぎ》を擁立する。溥儀が満洲族の名門の出で元首としてとおりがよく、コントロールしやすいと考えたからである。

それにしても新国家の元首がラストエンペラーというのは据わりが悪かった。満洲国は「民主政体や立憲共和制が想定」されていたからである。そこで関東軍は溥儀を皇帝ではなく、「執政」と称するようにした。満洲国は「帝制とも共和制ともつかざる準帝制的仕組」となった。

関東軍から「執政」と呼ばれることになったと告げられた溥儀は怒りに震えた。

「『宣統帝』または『陛下』という称呼は、今彼らによって取り消されたのだ。〔……〕私はもう興奮でほとんど座っていられなくなり、大声で叫んだ」

満洲国が建国されると、「日満親善」「五族協和」を宣伝する目的で、奉天放送局（ラジオ局）は国民歌謡「満州新歌曲」を作ることになった。譜面を読めて日本語もわかる中国人の少女歌手が見当たらなかったため、代わりに白羽の矢が立ったのは、山口淑子《よしこ》だった。日本人なのに中国人を装う必要があり、芸名を「李香蘭《りこうらん》」とした。ラジオだから顔はみえない。「歌うだけなら。それにお国のためになることだから」との母親の言葉から山口は引き受けることにした。中国人少女歌手「李香蘭」の誕生である。「李香蘭」は「五族協和」のヒロインとして、少女歌手から押しも押されもせぬ女優になっていく。

関東軍はこの奉天放送局をいち早く接収して、軍事宣伝放送に利用しようとした。番組の内容は日本からの中継が多かった。宣伝は在満日本人だけでなく、多民族が対象だった。そのため放送は二部構成で、第一部は中国人、朝鮮人やその他の外国人向け、第二部は日本人向けとなっていた。

番組の内容はニュースや時事解説だけでなく、日本語と中国語の語学講座、さらには演芸、音楽、講演などもあった。満洲国内の民衆に宣伝するには、一方的に情報を伝えるだけでなく、民衆を慰安する必要があった。それゆえ演芸や音楽なども放送された。

他方で関東軍はラジオだけでなく新聞も世論対策の観点から統制を加えるようになる。満州事変が勃発した翌年の末には新聞通信を統制する満洲国通信社が設立されている。

日本国内においても、満州事変をめぐって、対内外宣伝の統一と強化の必要が認識されるようになる。一九三二（昭和七）年九月一〇日には非公式ながら、情報委員会が設置される。情報委員会がこのタイミングで設置されたのは理由がある。直接には国際連盟調査団（リットン調査団）をめぐって、国内世論の啓発と外国新聞通信社対策の必要があったからである。

以上のような宣伝や情報統制がどれほどの効果を上げたのか。日本国内向けにはそれ相応の効果があっただろう。しかし諸外国、なかでも中国に対しては逆効果だったかもしれない。満洲国の建国宣言の直後、中国国民政府は満洲国否認声明を発表する。それだけではなかった。中国国民政府は中国人が満洲国に参加することを「売国行為」とみなして、厳罰に処することとした。中国側からすれば満洲国は「偽国」だった。

一九三二（昭和七）年九月一五日の日満議定書の調印によって、日本は満洲国を承認する運びとなった。日本側は関東軍司令官が特命全権大使として調印する予定になっていた。満洲国側は国務総理（首相）だった。ところが調印の直前になって、国務総理が辞意を申し出る。日本側は「売国奴」の汚名を着せられるのをおそれたからと辞意の理由を推測した。関東軍の説得によって、辞意は翻った。満洲国側からすれば、調印は強制に等しかった。

中国にとって満洲国は、嘘で塗り固められた「偽満洲国」＝日本の傀儡国家でしかなかった。

五・一五事件

満洲国の建国宣言（一九三二〈昭和七〉年三月一日）から約二ヵ月後、日本国内で重大事件が起きる。五・一五事件である。この年の五月一五日、海軍青年将校を中軸とする民間の右翼団体（愛郷塾《あいきょうじゅく》）を含む首謀者たちがテロ・クーデタ未遂事件を起こす。首相官邸では三上卓海軍中尉が犬養毅首相を銃撃した。彼らは内大臣官邸や立憲政友会本部、日本銀行、三菱銀行、警視庁なども襲った。愛郷塾の関係者による変電所の襲撃は失敗に終わった。首謀者の海軍青年将校に陸軍士官候補生を加えた一八名は、この日、憲兵隊本部に自首した。首相がテロの凶弾に倒れたものの、クーデタは未遂に終わった。以上が五・一五事件のあらましである。

　事件が起きるとすぐに内務省は新聞記事の差し止めを関係各方面に通牒する。新聞は「本月十五日犬養首相狙撃其の他の不穏事件に関し事実を捏造誇張し又は煽動」するなどの「人心を不安ならしむるが如き記事」の掲載を禁じられた。

　内務省は同時に「不穏犯人」が撒布《さんぷ》したビラ「日本国民に檄す」の内容を掲載する新聞に対しては、差し押さえを命令するとした。

　この檄文には過激な文言がちりばめられていた。

「国民諸君よ／武器を執って立て！」

「国民よ！／天皇の御名に於て君側の奸《かん》〔天皇の側にいる悪い人物〕を屠《ほふ》れ〔殺せ〕！／国民の敵たる既成政党と財閥を殺せ！」

　新聞に掲載が禁止されたのは、この檄文だけではなかった。「犯人の身分、氏名等其の素性」のほか「事件が軍部に関係ありとし、国軍の基礎に影響あるが如き事項」、さらには事件発生の原因ならびに「今後再び起ることありと予見するが如き事項」もそうだった。

　実際の新聞紙面に対する統制はどうだったのか。

『東京朝日新聞』は当日、号外を出した。この号外は「犬養首相狙撃され頭部に命中し重態」との見出しで襲撃の様子を報じている。「わしを射ちたいのなら、話をつけてから射て！」と犬養が詰問したのに対して、犯人は一言も答えずピストルの引き金を引いた。犯人は「陸海軍将校の制服を着た六名」となっている。

　翌日の号外では氏名がわかった上で伏せられている。「陸軍士官学校生徒士官候補生〇〇〇」、あるいは「海軍将校〇〇、〇〇、〇〇、〇〇各中尉」などとなっている。対する『読売新聞』は、当日の号外で犯人を「三上海軍中尉ら十八名」と実名を挙げて報じている。人数も正確だった。統制は徹底していなかったようである。

「不穏犯人」が撒布したビラ「日本国民に檄す」はどうか。『東京朝日新聞』の両日の号外を読む限り、掲載されていない。

　ところが『東京日日新聞』の当日の号外はこのビラのことを報じている。この紙面によれば、警視庁に乱入した三名が逃走する際に、ビラを撒いた。「日本国民に檄す日本国民よ」と呼びかけるこのビラは「祖国日本を直視せよ立て！　真の日本を建設せよ！昭和七年五月十五日陸海軍青年将校同志」となっていた。

陸海軍当局による記事差し止めの解除は、後手に回った。事件の翌日になって陸軍省が発表したのは、「帝国国内の現状に憤激し非常手段に訴え今次の不祥事件」を起こしたことと陸軍側の関与者の人数が士官学校在学の士官候補生一一名で、事件直後に全員が東京憲兵隊に自首したとの趣旨の内容だった。

海軍当局も同日、海軍側の関与者の全員が自首した旨を発表した。

差し止めが後手に回ったのは、ほかにもあった。いくつかの新聞は、犬養内閣の後継問題に関連して、地方の青年将校や在郷軍人らが上京した旨の記事を掲載したようである。五月二〇日、内務省はこれらの記事が「時節柄人心を不安ならしむる虞《おそれ》」のあることから掲載しないように注意を与えた。

すでに報道された以上、実際上の効果に乏しい記事差し止め措置だった。

国民世論の転換

事件の直後から状況は犯人の逮捕、取り調べ、公判へと進む。一年後の一九三三（昭和八）年五月一一日に予審がすべて終わったのを受けて、五月一六日、内務省は記事の差し止めの解除を通告する。翌一七日には、陸海軍省と司法省が共同で事件の概要を公表した。

記事の差し止め中、国民世論の多くは、非業の死を遂げた犬養に同情を寄せた。ところが事件の全容が明らかになると、国民世論は転換する。国民世論は「自らのエリートとしての名誉も生命さえも捨てて、農村の貧困と政財界の腐敗を打破しようとした青年たちへの、驚嘆と礼賛の心情に移り替わっていった」。

このような国民世論の背景にあったのは、軍部の世論対策だった。荒木貞夫陸相が「純真なる青年」の「心情」に「涙なきを得ない」と談話を発表する。大角岑生《おおすみみねお》海相も「罪とか刑罰の問題を離れ、ただ彼等青年の心事に想到《そうとう》する時、涙なきを得ぬ」と語る。

国民の同情は首謀者たちに寄せられる。減刑嘆願運動が大規模に展開される。軍部は五・一五事件をとおして、国民世論を味方につけることに成功した。

首謀者たちが事件を引き起こした動機は、「純真」なものだけではなかった。彼らには国際情勢への反発もあった。国際情勢への反発とは、中国の「排日」と「英米伊その他小国の日本に対する悪感情」によるものだった。被告人篠原市之助陸軍士官学校士官候補生は、被告人尋問調書のなかでそう述べている。

「英米伊その他小国の日本に対する悪感情」は、篠原によれば、「十三対一を見るも明白」だった。この「十三対一」とは、満州事変が起きた年の一〇月二四日の国際連盟理事会において、一一月一六日までに満州からの日本軍の撤兵を勧告する案が一三対一で可決されたことを指す。

五・一五事件の遠因でもあった国際連盟の「日本に対する悪感情」とはどのようなものだったのか。歴史の時計を巻き戻して確認する。

国際連盟における宣伝戦

　さきの国際連盟理事会の決議は日本軍によって破られる。それでも事変の解決をめざして、一二月一〇日、国際連盟はイギリスのヴィクター・リットン卿を団長とする調査団の派遣を決定する。日本側はこのリットン調査団を歓迎して、東京でも上海でも接待外交に努める。調査団が日本に有利な報告書を作るように誘導するためだった。

　中国側も負けずに接待外交を展開する。リットン調査団のメンバーたちは宴会疲れするほどだった。日中両国はどちらも、接待をとおして、リットン調査団への宣伝外交を繰り広げた。

　このような接待外交、宣伝外交による効果がどの程度だったかはともかく、実際に出来上がったリットン報告書は日本に一方的に不利な内容ではなかった。

　リットン報告書は時に「和解の書」と呼ばれることがあるように、満州事変の妥協的な解決をめざしていた。日本の満洲国承認に対してきびしい評価をする一方で、中国が主張する排日ボイコットの合法性を否定して、排日ボイコットの永久停止を問題解決の原則として掲げている。ほかにも日本人居住権・商組権の全満州への拡張など日本に有利な条項もあった。

このリットン報告書をめぐって、一九三二（昭和七）年一二月六日から国際連盟特別総会が開かれる。日中両国は少しでも自国に有利な結論になるように、ジュネーヴの総会議場を舞台として、宣伝戦を展開する。中国の顔恵慶代表は日本を国際連盟規約、不戦条約、九カ国条約の侵犯者であると宣言すべきこと、日本軍の撤退、満洲国の解消などを求めた。

八日には今度は郭泰祺《かくたいき》代表が中国側のボイコットを「不当なる攻撃に対する復仇《ふくきゅう》（あだ討ち）手段」として違法性を否定した。

日本側はこの日の夜、現地のホテル・メトロポールで、満鉄が制作した宣伝映画『リットン卿一行の満洲視察』を上映して六百余名の観客を得た。

その前から日本政府全権松岡洋右《ようすけ》（外交官出身・元南満州鉄道副総裁・当時、立憲政友会の衆議院議員）はジュネーヴに到着した当日の一一月一八日に実施された外国特派員との記者会見を皮切りに、宣伝活動を始めていた。日本だけでなく、イギリスやアメリカに向けてのラジオ放送やフランスでの月刊誌の発行などもおこなわれた。

　このような宣伝映画よりも何よりも重要だったのは、この日の松岡全権の演説だった。この日の最後の登壇者松岡は、日本側の関係者のみるところ「ある決心をなせる様子で、草稿を持たず、堂々たる態度」でつぎのように演説する。

「ヨーロッパやアメリカのある人々は今、二十世紀に於ける日本を十字架に懸けんと欲して居るではないか。諸君！　日本は将《まさ》に十字架に懸けられんとして居るのだ。然《しか》し我々は信ずる。確《かた》く確く信ずる。僅《わずか》に数年ならずして、世界の輿論《よろん》は変るであろう。而《しか》してナザレのイエスが遂に世界に理解された如く、我々も亦《また》世界に依《よ》って理解されるであろうと」

「十字架上の日本」演説として知られることになるこの一節は、どれほどの効果があったのか、むしろ逆効果だったのではないかとの疑念を持たせる内容だった。イエス・キリストの受難になぞらえながらも、キリスト教文化圏の国でもない日本の立場に理解を求める松岡の演説は、欧米諸国を困惑させただろう。

　翌年二月二五日、松岡はジュネーヴを去るに際して、訣別《けつべつ》のあいさつを発表した。この松岡の訣別の辞は欧州各国の新聞に掲載された。そこにはつぎのように記されている。

「余は連盟と日本の衝突を避け、日本をして連盟に踏み止まり、世界平和のために彼我の提携を持続せしめんことに奮励する決心であった」

松岡は脱退回避の決意だったことを隠さずに述べて、脱退回避に失敗したことを悔やんだ。

ところが帰国すると、松岡にとって意外なことに、彼はジュネーヴでの奮闘ぶりから国民的英雄になっていた。松岡は五月一日、ラジオ放送をとおして、脱退回避に失敗したことを国民に「申し訳ない」と謝罪した。本人が失敗を認めながら、国民は囃し立てた。満州事変の勃発から国際連盟脱退通告に至る一年半の間に、国民世論は一八〇度、転換していた。

Ⅱ章

「非常時小康」

危機の鎮静

一九三三（昭和八）年の内外情勢は、日本にとって大きな転換となった。同時代においては「非常時小康《しょうこう》」と呼ばれた。日本からすれば満州事変を直接のきっかけとして、より広く世界からすれば一九三〇年代に訪れた「非常時」は、「小康」状態を迎えるようになった。

この年の三月、日本は国際連盟からの脱退を正式に通告した。日本が出ていったことで、国際連盟は満州事変の問題から手を引く。五月末には日中間で停戦協定が締結される。対外危機は鎮静に向かう。

前年の五・一五事件によって政党内閣は崩壊した。しかしつぎの非政党内閣＝斎藤実《まこと》内閣に蔵相が留任したことで、高橋（是清《これきよ》）財政は継続した。金本位制からの離脱と積極財政による高橋財政の成功によって、経済危機も鎮静に向かう。

対外危機と経済危機の鎮静化にともなって、国内危機も鎮静に向かう。政党が政党内閣の復活をめざして、軍部批判に立ち上がったからである。

対する軍部とくに陸軍は、政党からの巻き返しに対抗するよりも、派閥対立が激しくなっていた。皇道派対統制派の対立として知られる陸軍派閥対立は、軍事戦略をめぐる政策対立であると同時に私怨による感情的な対立でもあった。どちらの派閥も陸軍である以上、ソ連が仮想敵国であることでは共通している。

ちがいはつぎの点である。

皇道派はソ連の軍事力の拡充が整う前に、早期開戦によってソ連に勝とうとする。対する統制派は、対ソ開戦＝時期尚早の立場で、国家総動員体制を確立して日本の軍事力の拡充を優先させた。

皇道派と呼ばれたのは、この派閥のトップ荒木貞夫が「皇道」を多用し、「国軍」の代わりに「皇軍」と言い始めたことに由来するとされる。対する統制派は皇道派を統制する派閥だから統制派と呼ばれた。

斎藤内閣の陸相は皇道派の荒木だった。政党の陸軍批判に対して、荒木はこの年（一九三三〈昭和八〉年）一二月九日、「軍民離間に関する陸相談話」をもって対抗する。過去の戦争で戦死したのは「庶民階級」だけで、「高級指揮官に戦死者なし」、あるいは軍事予算のため農村問題は犠牲にされているなどと主張して、軍部と民間を対立・分離させようとする運動は、「断じて黙視し得ざるところである」。

荒木はここで軍民離間策をデマ扱いしている。しかし徴兵された兵士とエリート職業軍人との間に格差があったのは、庶民の実感レベルでは正しかったのではないか。危機が鎮静に向かうなかでの軍拡も国民の理解を得るのはむずかしそうだった。

荒木らの皇道派にとって、政党以上にやっかいだったのは統制派だった。荒木は「軍民離間に関する陸相談話」を出した翌年一月、陸相の座を追われる。代わりに陸相となったのは、統制派の林銑十郎《せんじゅうろう》だった。林の陸相就任は、斎藤内閣の外相として外交関係の修復に努めていた広田弘毅が歓迎する。広田は語る。

「大体において林陸軍大臣は、非常に常識の発達したいい人だ」

皇道派は「昭和八年解氷期対ソ開戦」論だった。対する統制派は満洲国の育成と総力戦体制の確立を優先させた。広田が統制派の陸相を歓迎したのは当然だった。

「陸軍パンフレット」

林の陸相就任からまもなく、陸相を補佐する陸軍省軍務局長に統制派の永田鉄山《てつざん》が任ぜられる。他方で陸相と同等程度の要職の陸軍省教育総監には皇道派の真崎甚三郎が就任する。これらの人事異動によって、派閥対立の決着はまだつかなかったとしても、「荒木陸相時代の急進的態度より漸進《ぜんしん》〔順を追って少しずつ〕穏健的態度に変化し林陸相により部内の統制が強化されつつあると観察」されるようになった。

統制派は攻勢を強める。一九三四（昭和九）年一〇月一日、陸軍省新聞班がパンフレット「国防の本義と其強化の提唱」を発表する。新聞班とは陸軍の広報担当、あるいはメディア統制の部署のことである。

このパンフレットはつぎの一節から始まる。

「たたかいは創造の父、文化の母である」

すぐにわかるように、この一節は皇道派に特有な表現となっている。このパンフレットを「虚心《きょしん》に読めば」、戦争は総力戦＝近代戦というよりも、精神力による「たたかい」

であり、「『日本思想』＝『皇道精神』を想起させる文体が充満しているのに気づくであろう」との指摘もある。

実際のところ、このパンフレットにはたとえば「建国の理想―皇国の使命に対する確《かっ》乎《こ》たる信念を保持する」、あるいは「尽忠報国〈国に対して誠意をもって務めを尽くして国の恩に報いる〉の精神に徹底し―国家の生成発展の為め、自己滅却の精神を涵養《かんよう》〈自然に養成〉すること」などの表現がちりばめられている。

統制派が中軸を占めるようになった陸軍当局の政治的な意図は明らかだろう。このパンフレットは皇道派と青年将校を分断して、青年将校を統制派に引きつける効果をねらうものだった。

皇道派と青年将校の分断を図りながら、このパンフレットがめざしたのは、すべての国力を戦争準備に投じる総力戦体制の確立だった。このパンフレットの「国防観念」の特徴は、つぎの一節が示している。

「平時状態に於て対外的に国家の全活力を綜合統制して対抗するに非《あら》ずんば、武力戦はおろか国際競争其物《そのもの》の落伍者たるの外なき事態となりつつある」

この一節が統制派の文体であることは、「国家の全活力」や「統制」が用いられていることから明らかだろう。

注目すべきことに、ここでは「国家の全活力」として、武力はもとより経済や技術、「通信、情報、宣伝」も上げられている。一九三〇年代のブロック経済の時代において、戦争は「経済戦」となった。あるいは国防強化には技術の革新が不可欠で、それには「合理的能率的な科学的研究の統制」をおこなうべきだった。

戦争は「思想宣伝戦」でもある。「思想宣伝戦」は「刃に血塗らずして相手を圧倒し、国家を崩壊し、敵軍を潰滅《かいめつ》せしめる戦争方式」だった。統制派はこのような「経済戦」や「思想宣伝戦」でもある総力戦に備えようとしていた。

総力戦体制は国家社会主義と重なる。国家社会主義とは国家による上からの「社会主義」化＝社会政策を実現しようとする思想と行動のことを指す。国家社会主義は皇道派に傾きがちな青年将校たちを惹きつける。こうして国家社会主義の立場から「富の偏在《へんざい》、国民大衆の貧困、失業、中小産業者農民等の凋落《ちょうらく》」を憂慮する陸軍パンフレットは、「国民生活の安定」「農山漁村の更生」などをとおして、総力戦体制の確立をめざす。

政党はこの陸軍パンフレットに反発する。民政党幹部会は言う。

「一体《いったい》陸軍が社会政策或《あるい》は経済政策に関する指導的意見を国民に発表したことは誠に遺憾千万で唯々唖然《あぜん》〔ただただあっけにとられる〕たらざるを得ない」

政友会の方が多少は理解を示す。

「陸軍のパンフレットが近代国防を論じ其の本義を明《さや》にしたのはよい」

ここからさきは批判に転じる。

「然《しか》れども現在の経済機構の変改を期して総《すべ》て国防統制の一元に帰せんとするが如きに至っては遽《にわか》に同意し難い」

政友会は、陸軍が閣議に諮《はか》ることなく独断でこのパンフレットの発表に踏み切ったことを非難する。さらに政友会は、予算編成期であり臨時議会の準備中のタイミングで発表したことの真意がどこにあるか、不信感を露わにする。ここに政友会と民政党の二大政党と陸軍が正面衝突することになった。

他方で陸軍派閥対立は統制派の勢いが増していく。林陸相による人事政策は皇道派を要職から追いやる。翌年七月一五日には皇道派の真崎が教育総監を罷免される。八月二日には青年将校の政治運動を画策する磯部浅一と村中孝次が免官となる。
ここに陸軍派閥対立は統制派が勝利したかのようだった。

相沢事件

真崎の罷免によって激震が起きる。七月一六日午前の新聞の朝刊で真崎の罷免を知った皇道派とその周辺は衝撃を受ける。彼らの電話での情報交換によれば、「やられたなー、此の先どうなるか分からん」、そんな有様だった。七月一八日には「荒木大将切腹せり」とのデマが飛んだ。同じ皇道派の盟友＝真崎が罷免されて救えなかった荒木の心情を推《すい》量《りょう》してのデマのようだった。

皇道派の相沢三郎中佐もそうだった。歩兵第四一連隊所属の相沢は、休暇をとって翌一七日には福山を発ち上京、その二日後、永田を訪問する。

相沢は真崎罷免を難詰《なんきつ》した。

「真崎大将の斯《か》くなりしは貴下の補佐悪しかりし為なり」

相沢は続ける。

「自分は真崎大将を崇拝しある者なるが私と共に死んで貰えぬか」

永田は「陛下に捧げた身体」だから「死ねず」と峻拒《しゅんきょ》〔きびしく断わる〕する。二一日に帰隊した相沢は、軍閥や重臣を非難する怪文書を手にした。この怪文書をとおして、相沢のなかにある決意が生まれる。相沢は再び上京して、八月一二日に永田と再見する。

今度は話し合うのが目的ではなかった。相沢は問答無用とばかりに無言のまま軍刀を抜き、永田に詰め寄り斬りつけた。即死だった。相沢はつぎに林陸相をねらった。しかし林は不在だった。

永田は相沢の凶行の前日、意見書をまとめていた。「軍首脳部」は「断乎一身を顧《かえり》みず非合法革新を排し」て、「漸進合法的」に軍の改革を進めるべきである。林がこのような陸軍中央の統制を確立するには永田の存在が不可欠だった。その永田が倒れた。相沢事件は「非合法革新」を誘引しないとも限らなかった。

永田はこの意見書のなかで、「部外者への漏洩《ろうえい》」や「怪文書の取締」にもふれている。相沢が凶行に及んだ直接のきっかけは、怪文書を読んだことだった。相沢事件によって、陸軍中央は統制を強化しなければならなくなった。

事件後すぐに陸軍中央は処理案を作成する。その冒頭は、今回の事件に左右されることなく、ますます「軍の統制強化に邁進《まいしん》す」となっている。

統制は陸軍内にとどまることなく、「言論機関」にも及ぶ。「適時適切なる新聞発表を行い流言蜚語《ひご》を防止す」。この観点から犯人の動機や「性行」などの記事は「類型的犯罪を続出」させないように、「志士的〔志の高い人のような〕表現を用いざること」とした。五・一五事件の公表の際の言論統制とは正反対の方針だった。

この方針にもかかわらず、怪文書は流布された。「流言蜚語の防止」はできなかった。八月二三日の臨時陸軍師団長会議の記録によれば、「東京に於ては特種の怪文書」を法律で取り締まるだけでは不十分な状況だった。

相沢事件に関する怪文書は、たとえば「何故永田少将は切られたか」、あるいは「軍部の不統一と我等の行動目標」などの題目だった。「法理の上のみの統率は面白からず」とは、前者の怪文書に対する処置が検察送りだったのに対して、後者は「厳重説諭」にとどまったことを指す。怪文書の影響の大きさの割には、法律上は軽い処罰で済んだ。

怪文書の取り締まりには手を焼いた。

怪文書の横行

憲兵司令部の報告書は危機感を募らせる。「最近怪文書横行し其多くは軍関係事項を題材」としていて、「軍の威信」の「保持」と「統制確保」のために「断じて」見過ごすことは許されない。憲兵隊は「此種怪文書の一掃」に乗り出す。

それにしてもなぜ怪文書が横行するようになったのか。この報告書は大きな原因の一つとして、「一般国民の軍部に対する関心」が「著しく過敏」になったことを挙げる。その直接のきっかけとなったのが五・一五事件だった。

関心を強く持つようになったのは、「一般国民」だけではなかった。憲兵隊当局によれば、満州事変の勃発以来、「軍部に対する信望一層篤きを加うる」ようになったその陰で、軍部を政治運動に利用しようとする傾向が強くなった。たとえば軍首脳部と政党政治家との提携、あるいは「軍部内系閥の策謀」や青年将校の「政治的急進運動」などが起きて、さまざまな「虚構」の説の流布をみていた。このような策謀者たちのせいで、「悪性の流言、文書」の続発が「常態」となっていた。

憲兵当局は事態を重く受け止める。これでは「軍部に対し国民の反感を醸成」する。「皇軍の士気を挫」く。「青年将校に誤解を与え軍内部の統制団結に亀裂」を生む。憲兵当局は「厳《げん》に捜査の手を進め検挙を要求」する決意だった。

ところが実際は簡単ではなかった。怪文書は日夜、頻発した。「憲兵として到底全部に亙《わた》る捜査」はできなかった。さらに怪文書の配布行為は、法律上からみれば「軽微なる犯罪」にすぎなかった。それにもかかわらず、証拠を挙げることは煩瑣《はんさ》な作業だった。

取り締まりは追いつかず、取り締まっても微罪に止まる。さらに怪文書が横行する。怪文書の横行と相まって、「前哨戦」としての相沢事件のあと、九月頃に「重大なる不穏計画ありとの風説」が流れるようになる。おそらくは皇道派の陸軍一部将校からのつぎのような言動も現れる。

「若《も》し〔相沢〕中佐に対する処理不当なるに於ては我等皇軍将校は黙視すべからず第二、第三の事件の発生は明かなり」

なかにはどちらの派閥の立場からでもないような言動もあった。

「今日の如き派閥を生ずるに至」ったのは、陸軍中央部の「不統制」の結果である。陸軍中央部こそ「自省の要あるを感ず」。陸軍派閥対立に対する的確な批判である。

おそらくは怪文書の影響で不穏な言動や謀略のおそれがあったものの、陸軍当局のみるところ、「相沢中佐の行動を非難し逸材永田局長の訃を悼む者比較的多し」という状況だった。

それでは相沢事件が陸軍外に及ぼした影響はどうだったか。陸軍当局はつぎのように観察している。

「社会一般に対し多大の衝動を与え」たものの、「国民多数の軍部に対する信頼の度は依然変化なく」、林陸相の留任による陸軍の粛清と「首脳部の善後策に対し多大の期待と関心を有しあるものと認む」。

この一文は統制派が主流になりつつある陸軍の文書として割り引いて読むべきだろう。あれだけの事件が起きたのだから、普通は所管の陸軍の大臣＝林が引責辞任しなければならない。陸軍の不統制を非難する言動は、皇道派からのものだからと退けることもできないだろう。

この文書よりも陸軍罫紙《けいし》〈文字の列をそろえるための線が引かれている用紙〉に記された無署名の草稿における状況認識の方が的確だったようである。この草稿は相沢事件をめぐるジャーナリズムと一般大衆の受け止め方をつぎのように考察している。

相沢中佐に対する「論難攻撃は熾烈《しれつ》を極め」、ひいては「軍部当局の失態として非難する者」も出て、さらに「軍部に好感を有せざる」方面においては「軍部内の両虎共に傷《きず》つき国民の信望を害するに至る」こと小気味よしとすらする者を生んだ。要するに相沢事件をめぐって世論は陸軍に批判的だったようである。

それもそのはずで、この草稿の執筆者によれば、相沢事件に関する陸軍当局の発表は一度きりで、このほかは一切の報道を禁止しながら、「軍閥重臣閥の大逆不逞」や「永田伏誅《ふくちゅう》〈罪を責められ罰を加えられること〉の真相」などの怪文書が頻出し、噂が噂を生み、憶測は憶測を伝え、国民は真実を知ることができなかったからである。

天皇機関説事件

相沢事件が起きる前後のことである。もう一つの重大な事件がピークを迎えようとしていた。

事の発端は、この年（一九三五〈昭和一〇〉年）二月一八日の貴族院本会議における菊池武夫男爵（予備役陸軍中将）の質問である。この日、菊池は「その機関説は国体に対する緩慢なる謀反」で、「美濃部は学匪《がくひ》〈民心を惑わし社会に悪影響を及ぼす学者〉」と非難した。対する岡田（啓介）首相は「学説の問題は学者に委ねるほか仕方ない」と述べて、菊池の非難に正面から答えるのを避けた。

「美濃部」とは憲法・行政法の学者の美濃部達吉のことである。「機関説」とは天皇機関説のことである。天皇機関説とは主権が天皇にあることを認めつつ、統治権は法人＝国家に帰属する、天皇は国家の最高機関であるとの憲法学説のことを指す。当時すでに天皇機関説は多数派の憲法解釈論として定着していた。この憲法解釈を全面的に展開したのが一木喜徳郎《きとくろう》（当時、枢密院議長、天皇機関説の立場をとる法律学者）を師とする美濃部だった。

貴族院議員でもあった美濃部は同月二五日、一身上の弁明として釈明したものの、収まらなかった。江藤源九郎議員（予備役陸軍少将）が東京地方裁判所検察局に美濃部を不敬罪で告発したり、衆議院本会議で山本悌二郎《ていじろう》議員（政友会）が質問したりして、問題は過熱した。ここに国家主義者や民間右翼が中心となって、機関説排撃運動が起きる。

特高警察は、この機関説排撃運動が憲法学説の論争を離れて「政治的社会問題」として紛糾すると予測した。他方でこの運動を抑制することには慎重だった。抑制すれば「却《かえ》って波瀾《はらん》を増大」させるのではないかと危惧したからである。

しかし放置しておくこともできなかった。三月二三日に一木邸で暴行事件が発生したからである。この日、一木邸は夫人の死去にともなって忌中だった。弔問客が訪れていた。そのうちのひとりが表玄関から邸内に入ると、日本刀を抜き、家人を威嚇しつつ中廊下から奥の間に通じる扉や戸棚に切りつけた。犯人はまもなく警戒中の警察官に逮捕された。

犯人は民間右翼団体＝国粋大衆党の挺身《ていしん》〔率先して身を投げ出し困難に立ち向かう〕

隊員菊池大八（二一歳）だった。菊池は隊長の藤吉男の命を受けて犯行に及んだ。藤によれば、天皇機関説問題は「言論文章等の尋常手段」では解決できず、「美濃部学説の根源たる一木枢相《すうしょう》等重臣」に対して、日本刀による「直接面罵《めんば》（面と向かってののしる）の非常手段」に訴えるべきだった。

特高警察はこのような動機を真に受けなかった。「唾棄《だき》すべき（一顧だに値しない不快な）売名的意図」と見透かした。それよりも「模倣者」が出ることをおそれた。両名は東京地方裁判所検事局に送致された。

裁判は七月一日におこなわれる。裁判長は藤に質《ただ》す。「美濃部、一木も忠臣なりとは思わざるや」。裁判長も機関説支持の立場のようだった。対する藤は「機関説は国体変革の兇逆《きょうぎゃく》（人の道に背く悪い）思想なり」と答えた。藤は住居侵入教唆《きょうさ》（暗示を与えて犯罪を犯すように仕向けること）罪で懲役一年六ヵ月（求刑懲役二年）、菊池は住居侵入罪で懲役一年二ヵ月（求刑懲役一年六ヵ月）だった。

この間にも民間の機関説排撃運動は高揚していた。すでにこの事件が起きる前の三月八日には黒龍会（国家主義団体）本部で機関説撲滅同盟が結成された。この組織は天皇機関説の発表の禁止にとどまらず、美濃部に自決させることまでも目標に掲げている。さらに四月七日には検察当局が美濃部を召致して、長時間にわたる取り調べをおこなった。

機関説排撃運動は、四月六日の満洲国皇帝の来日にともなって、一時、鎮静した。しかし一五日に皇帝が帰国すると、再び火ぶたが切られた。一六日には帝都東京の要所につぎのような立て看板やポスターが現れた。

たとえば欧米思想の直輸入の天皇機関説の「元祖一木喜徳郎」を「国体明徴《めいちょう》（国体（日本の国家の特色は万世一系の天皇が統治する）を明徴（明確）にする）のため徹底的対策を講ぜよ」。あるいは「機関説直輸入元祖一木喜徳郎、国体明徴は元祖の処断から」というように。

国体明徴声明

天皇機関説排撃運動は、政府に対して、国体明徴を要求する。この運動が勢いを増していくきっかけとなったのは、美濃部の起訴猶予が内定したことである。

特高の観察するところによれば、国体明徴運動は、①美濃部を「徹底的に処断」すること、②天皇機関説の「根源たる」一木枢密院議長も「処断」すること、③この問題を解決できない岡田内閣を打倒して、新内閣によってその目的を達成すること、以上の三つの傾向を示しながら展開していく。

とくに六月下旬から七月にかけて運動が熾烈の度を加えるようになったのは、当時、衆議院で三百余議席を占めていた政友会が攻勢を強めていたからである。政友会は七月三一日の議員臨時総会において、つぎの決議を満場一致で可決している。

「現内閣は、天皇機関説排撃の誠意なし。国家の為に深憂《しんゆう》に堪えず、我党は国民と共に之が解決に邁進す」

譲歩を迫られた岡田内閣は、八月三日に「国体の明徴に力を効し其の精華《せいか》〔真髄〕を発揚せんことを期す」との国体明徴声明を出す。同時に首相談話において、「この問題のために」一木枢密院議長の「身上に影響の及ぶが如きことは断じてない」、また金森徳次郎法制局長官は天皇機関説論者ではないと、岡田はふたりを擁護した。

岡田内閣の国体明徴声明後の状況は、特高情報によれば、つぎのとおりである。

すなわち右翼団体の一部の「穏健派」において「一時静観的態度」をとるようになったものの、貴族院・衆議院の議員の一部と多数の右翼団体や在郷軍人においては「引続き迫撃的運動」によって、機関説問題の解決の徹底を策動している。なかでも政友会は首相談話の方をより強く非難している。政友会は倒閣運動として国体明徴運動に加わっている。

岡田内閣は譲歩したものの、屈服したのではなかった。美濃部の起訴猶予処分が九月一七日に公式のものとなる。翌一八日、美濃部は「一身上の都合」により貴族院議員の辞職を届け出る。国体明徴運動は、しかしこれをもって一段落とはならず、特高のみるところ、「何等かの不穏」な策動もあるようだった。

このような状況のなかで、皇道派の真崎の後任の渡辺（錠太郎）教育総監が一〇月四日、名古屋で陸軍将校たちを前に講演をおこなう。渡辺はこの講演で天皇機関説を擁護する。

「機関という言葉が悪いという世論であるが、小生は悪いと断定する必要はないと思う。

御勅諭〔天皇が諭すために下す言葉〕の中に朕《ちん》が頭首と仰ぎと仰せられている。頭首とは有機体たる一機関である。天皇を仰ぎ奉ると思えば、何の不都合でもないではないか」

前任者の真崎が天皇機関説を排撃したのとは正反対だった。

皇道派を信奉する青年将校は憤慨する。渡辺攻撃を開始して、辞職勧告は激しさを増す。脅迫状まで舞い込む始末だった。国体明徴運動も勢いを増す。ここで岡田内閣はやむなく一〇月一五日に第二次国体明徴声明を発表する。岡田内閣はさらに譲歩した。第二次声明は天皇機関説を否定するに等しい内容だった。

第二次声明後、特高情報によれば、在郷軍人会に対する軍中央の「鎮撫工作」もあり、国体明徴運動は、「静弱」となった観があった。岡田内閣は第二次声明をもって大きな区切りをつけた。岡田内閣が倒れることはなかった。

翌一九三六（昭和一一）年二月二〇日、総選挙が実施される。国体明徴運動を展開した政友会は、前回三〇一議席から一七一議席へと惨敗した。対する民政党は一四六議席から二〇五議席へと躍進して衆議院第一党となった。岡田内閣に対して与党的な立場をとっていた民政党の勝利は、国体明徴運動を押し止めた。

予兆

総選挙が実施された翌日のことである。東京・吉祥寺の美濃部達吉の家にひとりの男が訪れた。美濃部邸は警戒が厳重だった。男は福岡市の「元判事弁護士小田俊雄」との名刺と手土産の水菓子の籠を持っていた。美濃部はこの男を応接室に招き入れた。

ふたりは約二時間、今の社会情勢などの話をした。最後に男は美濃部が「依然機関説思想を抱持《ほうじ》するもの」と認め、書状を示した。そこには冒頭、「天誅／逆徒美濃部達吉」と記されていた。斬奸状《ざんかんじょう》〔悪人を切り殺す趣旨を書いた文書〕だった。美濃部は退去を求め、応接室を去ろうとした。男は水菓子の籠に隠し持っていた拳銃で美濃部を狙撃した。警戒中の警察官三名が現場に急ぎ応戦、逮捕した。美濃部は命に別状なかったものの、右膝関節に貫通銃傷を受けた。男も負傷した。男は福岡県の右翼団体＝大統社工業塾の舎監《しゃかん》〔寄宿舎の監督〕小田十壮《じゅうそう》（三一歳）だった。特高当局は、さきの一木邸襲撃事件の際に、模倣犯の出現を警戒した。しかし防ぐことはできなかった。

美濃部邸襲撃事件と相前後して、社会の注目を集めるようになるのが相沢事件の公判である。一月二八日、軍法会議法廷において第一回の公判が開かれる。周囲の警戒の厳重さが公判の持つ意味を裏書きしていた。

二月四日の第四回公判において、相沢は「自己の行為は神の命によるもの」と答えて永田斬殺を正当化した。公判では相沢の神がかりや怪文書を信じた心理の理由が追及されたものの、結論は要領を得なかった。

二月七日になると、状況が大きく変わる。この日、相沢の弁護人で法曹界の重鎮であるとともに政友会の党員でもある鵜沢総明《うざわふさあき》が政友会を離党する。鵜沢は離党の理由として、裁判の進行とともに、政府高官なども証人として呼ぶことがある、それには弁護人が一党一派に偏してはならないとの考えを示した。この鵜沢声明は世間に衝撃を与える。今後の相沢公判において政府高官たちが証人として喚問されることの重大性に気づいたからである。特高情報によれば、この鵜沢声明によって、公判が「最高潮に達し世人の関心」を高めた。

このような証人召喚が認められれば、「皇道派の術中」に陥ることになる。そう認識した陸軍中央部では「永田中将の名誉のためにも、この一方的裁判に対抗して黒白を争うと出廷を希望するものがあったほど」だった。

実際のところ二月一七日には公開禁止の下で、林に対して訊問がおこなわれる。二五日には今度は真崎も証人として出廷する。公判は統制派対皇道派の対立の場となるかのようだった。真崎の喚問の後、裁判は傍聴禁止が解かれて再開される。被告側の特別弁護人で皇道派の満井佐吉中佐が三時間にわたって熱弁をふるう。

「青年将校が昭和維新の実現を企図することは当然であり、わが国は今や維新絶対必要の秋《とき》である」

午後五時の閉廷に際して、満井は奈良県の「田舎の少女」が相沢に送ってよこした橿《かし》原《はら》神宮のお護り札を裁判長に提出した。

満井が真崎の再召喚を求める一方で、熱弁をふるったことは、翌日の新聞の朝刊に大きく取り上げられた。『東京朝日新聞』は「永田事件の波紋／真崎大将の〝証人〟／成《なり》行頗《ゆきすこぶ》る機微／勅許《ちょっきょ》を仰ぎ再喚問か否か」との見出しで報じている。

この間、皇道派の青年将校たちは麻布のフランス料理店で相沢の公判をめぐって議論を重ねていた。東京憲兵隊は裁判の進行如何によっては、青年将校が決起するとの治安情報判断を持ち、青年将校たちの動静の探知に全力を傾けていた。

Ⅲ章　日中戦争

「非常時小康」から戦争前夜へ

「非常時小康《しょうこう》」（危機は続いているけれどもしばらくの間一時的に平和な状況）下、日本外交は日中経済提携による関係改善をめざしていた。日中経済提携を国内外に知らせる広報外交が展開される。広報外交の一翼を担ったのが当時の二大通信社の聯合《れんごう》と電通である。聯合と電通は外務省の意を体して、競うかのように日中親善ムードを盛り上げる。これら二つの通信社から配信された新聞記事は、たとえば一九三五（昭和一〇）年二月一三日付の紙面が実業視察団の訪中や農業の技術援助などを報じている。

しかしこの記事は憶測に過ぎなかった。有吉（明）駐華大使は、中国側に過大な期待を抱かせる結果になることを憂慮した。

有吉の憂慮にもかかわらず、通信社の過熱報道が続く。外務省は中国の新聞記者視察団の招待を考慮している。広田（弘毅）外相が近く訪中する。これらの報道は根拠のない憶測に基づいていた。有吉はこれらの憶測記事が中国側に悪影響を与えると危惧した。

実際のところ日中経済提携は具体的な裏づけを欠き、成果が上がらなかった。他方で現地の日本陸軍が華北分離工作（華北五省〈河北・山東・山西・綏遠《すいえん》・チャハル〉を中国国民政府から引き離して日本の支配下に置くことを目的とする工作）を強行する。日中関係に再び緊張が訪れる。

戦争は宣伝戦でもある。華北分離工作も宣伝によって国内外に正当化しなくてはならなかった。関東軍参謀長西尾寿造《としぞう》はこの年一二月九日、陸軍次官古荘幹郎《ふるしょうもとお》に宛て、「対北支工作に伴う関東軍宣伝計画」を伝えている。この文書は華北分離工作の「正当性を中外に徹底せしむる」とともに、華北の民衆に宣伝することの重要性を強調する。具体的な宣伝文句としてはつぎのようなものが例示されている。

華北地方は蔣介石《しょうかいせき》の国民政府が「植民地視」していて、その「搾取の犠牲」となっている。それゆえ国民政府から華北を分離し、自ら自治政府を確立するよう日本側は「熱望」する。あるいは華北「自治」政権が日本と提携して中国共産党やソ連に対する防衛に当たることは、東洋永遠の平和確立につながる。

このような宣伝戦は効果を上げなかったようである。一二月初旬には北京で、華北分離に反対して「抗日救国」をスローガンに掲げる数千人の学生デモが起きる。翌年になると、中国の抗日運動の二大統一団体「全国各界救国連合会」と「全国学生救国連合会」が成立し、「失地回復・〔国民党と共産党の〕内戦停止・抗日救国」などの綱領《こうりょう》を掲げて大衆宣伝工作を展開する。

対する日本の陸軍は九月三〇日付で「日支〔日中〕時局に対する対内対支宣伝方針」をまとめる。この文書が示す対中国宣伝方針の趣旨はつぎのとおりである。

蔣介石政府と中国国民の「排日抗日意識」は徹底している。このような状況において中国に対して「徒《いたず》らなる威嚇的宣伝」をすることは、「感情を刺戟《しげき》して問題の紛糾を助長し事件の続発を促し」あるいは中国の「軽侮《けいぶ》〔あなどること〕を招く」おそれがある。

それではどうすればよいのか。この文書は言う。

「無気味なる沈黙の威圧を加うるを主旨とし威嚇的宣伝は統制を執《と》る」

たしかに「威嚇的宣伝」を統制することは必要だろう。しかし「無気味なる沈黙の威圧」に宣伝の効果はあるだろうか。中国の民衆の側からすると、「無気味なる沈黙の威圧」を受ければ、警戒することはあっても、親日にはなりようがない。逆効果だったのではないか。

宣伝は日本国内にも向けられるものだった。この文書の「対国内宣伝方針」によれば、対中国問題の「根本的解決」のためには「国民は団結を固《かと》うし冷静以て事に処すると共に情況に依りては最後の手段に訴うるも亦已《またや》むを得《え》ずと為《な》す〔やむを得ないとする〕ことを決意するの雰囲気を醸成すること」となっている。「最後の手段」とは軍事力の行使のことだろう。日本国民にこのような覚悟を求める宣伝をするようでは日中「提携」は困難だった。

それにもかかわらず、日中問題に関する「対外宣伝方策」は、「世界輿論《よろん》の対支認識〔世界の世論の対中国認識〕を是正して南京〔蔣介石〕政府をして其の政策を改めざるを得ざるが如き情勢を馴致《じゅんち》し」つつ、「帝国の執ることあるべき強行策に対する国際的障碍《しょうがい》を除去す」となっている。このような宣伝で国際世論が説得されるだろうか。武力行使の可能性を示唆するのが目的のような宣伝方針だった。

陸軍の宣伝戦には別の問題もあった。一九三五年五月二四日、上海武官が陸軍次官に宛て「宣伝費増額方の件」を訴えている。経費を切り詰めても宣伝費が足りない。なかでも宴会費は、諜報に必要なのに、最小限度に削減されている。武官の体面を汚すことも忍んでいる。それなのに宣伝費が不足している。

宣伝戦の重要性は認識されていたはずである。しかし宣伝戦の展開を裏づける予算が足りないようでは、日本側に勝ち目はなかった。

その後、中国情勢は急迫《きゅうはく》を告げる。一九三六（昭和一一）年一二月中旬、中国東北軍の張学良《ちょうがくりょう》らが「内戦停止・一致抗日」を求めて蔣介石を監禁する（西安事件）。この事件の結果、蔣介石は国民党と共産党の合作（国共合作）による抗日民族統一戦線の形成に進む。中国側の抗日姿勢が強くなる。

対する日本側は華北分離工作の拡大による行き過ぎに気づき、対中国政策の是正を図る。それが翌一九三七（昭和一二）年の林（銑十郎）内閣の佐藤（尚武《なおたけ》）外交だった。佐藤外交は華北分離工作の修正と日中「経済提携」に乗り出そうとする。しかし林内閣は短命に終わる。佐藤外交も成果を上げることができなかった。代わりに嵐の前の静けさのなかで成立したのが近衛《このえ》（文麿《ふみまろ》）内閣である。

近衛内閣はどのような対中国政策を展開するのか。それをたしかめる前に事態は急転する。

三つの要因

一九三七（昭和一二）年七月七日の夜、北京郊外の盧溝橋《ろこうきょう》で日中両軍の軍事衝突事件が起きる。四日後の七月一一日には現地で停戦協定が成立する。ところが停戦協定は守られず、戦線が拡大していく。八月九日になると海軍陸戦隊の大山勇夫《おおやまいさお》中尉の射殺事件を直接のきっかけとして、戦火は上海に波及する。この年の末には蔣介石の政府の首都南京が陥落したものの、戦争は続く。

このように日中戦争が拡大する過程で、「造言飛語」も多くなる。東京刑事地方裁判所の検事西ケ谷徹《にしがやとおる》は、本省の求めに応じて、日中戦争をめぐる「造言飛語」の調査・研究をおこなう。翌一九三八年末に報告書（「支那事変に関する造言飛語に就いて」）をまとめる。

この報告書は「造言飛語」が多くなった要因を三つ挙げている。

第一に戦争の規模が大きくなればなるほど、「社会的不安」も増大したからである。

この戦争は「思想的訓練」を受けていない国民にとって、ほとんど予期されていなかった。とくに戦争勃発当初は、政府当局者であっても、この戦争に対する「正確なる見《み》透《とおし》と決然たる意思を持って居るか」、疑わしかった。このような情勢下では「社会不安」は増大せざるを得なくなった。

さらに上海事変の戦局が一進一退だったことは、国民に「戦局に対する焦慮と敵軍の強さ其の抗戦の決意に対し或る意味の恐怖心」を抱かしめた。その後の戦争の長期化、「国際情勢の不利、統制経済の強化」は、それまで国民が経験したことのなかったところだった。このような情勢によって引き起こされた「社会不安は造言飛語の発生」の「温床」となった。

第二はこの戦争の「思想戦的特異性」である。

この報告書によれば、日中戦争は「東亜に於ける日本の使命の自覚」を呼び起こした。日中戦争は、国内において「左翼的乃至《ないし》個人主義的思想」（共産主義あるいは欧米の個人主義の思想）の「克服」、対外的には「支那の欧化容共抗日」（欧米に依存し共産主義を受け入れ日本に対抗する中国の姿勢）の「是正」を目的とする「思想戦」となった。それゆえ国内ではこのような思想を持つ日本人が「潜行的に反戦的な言動」に出たり、在日中国人・朝鮮人が「反戦的言動」に出たりするのも「無理からぬ処」だった。このような「思想戦的特異性」が多くの「造言飛語」を生んだ。

第三に日中戦争は「宣伝戦」だったからである。

この報告書は中国側の「宣伝戦」をつぎのように描く。

中国側は宣伝によって「列国の同情を惹き我国の国際的の立場を不利ならしめ戦場に於ける我軍隊の士気を沮喪《そそう》せしめ国民の精神的団結を破り政治上社会上の不安を醸成し〔……〕遂には内乱をも誘発して戦争を不能ならしむるの策」に出る。

日本国内における「造言飛語事件」のなかには、このような中国側の宣伝に乗ぜられたものもないとはいえなかった。

なぜ処罰しなければならないのか？

それではこのような戦時下の「造言飛語」はなぜ処罰されなければならないのか。この報告書によれば、事実ではないことが真実のように流布されると、戦時下の社会において人心を惑わすことになるからだった。

要するに、真実か否かが判断基準だったことになる。別の言い方をすれば、「造言飛語」は「真実性を具備せざる〔十分には備えていない〕事実の報道」であって、「事実の報道を含まぬ意見の発表」は「造言飛語」には当たらない。この報告書は例を挙げる。「自分は支那事変に反対だ」。「戦争は嫌だ」。「軍隊に行くのは恐ろしい」。これらはすべて「造言飛語」ではなかった。なぜならば明らかに「意見のみ」だからである。

より具体的には一九三八年一月二九日に和歌山地方裁判所は陸軍刑法違反被告事件の控訴審において、つぎのような被告人の言動に対して無罪を言い渡している。

「ふふん日支事変か事変がなんだあの様なものは子供の喧嘩の様なものだ出征がなんじゃ出征だ遺族慰問だと云って騒いで居るけれども其の様なことで騒ぐのは馬鹿だ煽《おだ》てられて居るのだ」

「造言飛語」の犯罪構成要件

以上を踏まえてこの報告書は、「造言飛語」の犯罪構成要件として、二つ挙げる。一つは「事実の報道の非真実なること」、もう一つは「軍事上の有害なること」である。したがって裁判所は、「厳正公平に社会的理性の確信する事実の真相を探究」して、「真実」に反するもので「軍事上有害なるもの」のみを処罰すべきであるということになる。

報告書は処罰することだけを求めているのではない。

「国内に於ける造言飛語の量は国民の国家的報道に対する不満と正比例するとも言われて居る」

それゆえ「公正迅速なる報道を絶えず供給して国民をして真相不明の為不安の念慮を抱かせる様なことは極力避くべき」で、「造言飛語に依る後方攪乱《かくらん》を防ぐのには造言飛語の発生生長することの出来ぬ素地を持つことが最も必要」だった。「真実」を伝えることが国民を安心させる。「造言飛語」による銃後（戦場の後方の一般国民）の混乱を防ぐには、「真実」によって誤った事実を排除しなければならなかったことになる。

このような正論に基づいて、報告書は処罰の平等化を求める。報告書によれば、共産主義その他の左翼的思想に基づくものや中国人の抗日思想に基づくものは、重く見られて実刑を科せられている。ところが東京では思想関係に基づくものも「全部執行猶予の言渡」を受けていて、このことは「異とするに足る」。治安維持法違反の被告人ですら転向すれば執行猶予の言い渡しを受けるのだから、「片々《へんぺん》たる〔薄っぺらで内容のない〕造言飛語事件」の処罰も執行猶予が相当ということになる。

報告書は「造言飛語」の及ぼす「社会的影響」を重視して、平等に厳罰化を求める。実際のところこの報告書の付録「造言飛語事件一覧」によれば、「造言飛語」罪で実刑となったのは二件だけで、いずれも禁固一年六ヵ月となっている。

そのうちの一件は長崎県の五七歳の中国人雑貨商のつぎのような一節を含む「造言飛語」だった。

「数日前日本兵が二、三千名大村から出発し近日中又三千名くらい出るそうだ」

もう一件は熊本県の二八歳の「無職」の「左翼思想抱懐者」の「造言飛語」で、被告人はつぎのように話したことが処罰された。

「北支事変〔日中戦争〕に戦死するのは馬鹿だ。生きて帰らなければならぬ。資本家の政府軍部は労働者農民を一銭五厘〔召集令状のこと〕で召集する」

わかりにくい量刑

報告書は平等な厳罰化を求めているものの、現実には不平等で厳罰とは限らなかった。重く見られて実刑を科せられがちな左翼思想に基づく場合でもそうだった。

内務省警保局保安課の一九三七年七月の資料によれば、つぎのような県立図書館の館長で「左翼分子」の「反軍的言動」の場合でも、処罰は本人に対する「厳重」な「戒告」で済んでいる。

「〔第一次〕上海事変当時日本の陸戦隊は生きて居る支那人をトラックに積んで海に投じた」

ところがつぎの場合は禁固三ヵ月（執行猶予三年）だった。

「売薬行商」の三二歳の「左翼分子」は、七月二一日につぎのような「反戦的造言」を語ったとされる。

「大和魂があっても金がなければ戦争は負ける。敗戦になると敵の飛行機が来て爆弾で老人も女も死んで仕舞う」

両者を比較してうがった見方をすれば、前者は「反軍的」ではあっても嘘ではない「言動」だから軽く済み、後者は「真実」を含まない「事実」＝嘘をついたから「反戦的」かつ「造言」としてより重い処分になったと理解できなくはない。

量刑はわかりにくく、裁判にまで至らなければ、現場で恣意的に処罰されていたようである。

左翼の「造言飛語」

取り締まり当局がもっとも警戒した「造言飛語」は、共産主義・社会主義の左翼からの反戦思想に基づくものだった。その典型例はつぎのようなものである。

「支那事変は資本主義の行詰を打開する為の所謂《いわゆる》帝国主義的侵略戦争にして財閥資本家

の利益を計る目的なり」

取り締まり当局がこのような「造言飛語」に神経を尖らせたのは、「国論の統一を紊《みだ》し〔乱し〕我国の公正なる立場に疑惑を生ぜしめ反戦反軍の気運を醸成するものであって軍事上有害」だからだった。

特高（特別高等警察）の資料によれば、一九三七年八月の一ヵ月間において、共産主義運動の側からの反戦的文書の配布、投書、落書きや合法的出版物による反戦的意識の宣伝や煽動に努めた事例は四二件に及んだ。

取り締まり当局にとって「左翼分子」による反戦的言辞とは、たとえばつぎのようなものである。

この年八月一〇日以降、愛知県豊橋市の「青物商」四七歳の男が出征兵士見送りの際に、何度か反戦的言辞を流布した。

「今度の戦争は大資本家擁護の戦争で、貧乏人の吾々はどうでもよい戦争だ、其れだのに戦争に出るのは貧乏人ばかりだから気の毒である」

この男は拘留五日に処せられた。

反戦的投書とはつぎのようなものを指す。

関西大学予科一年の学生が八月一四日付で支那駐屯軍司令官宛に「斬奸状」（悪者を斬り殺すとの趣旨の文書）を送り、盧溝橋事件は我陸軍の仕業であると日本人の誰もが認めるところであり、北支那駐屯軍と陸軍当局の「悪意ある野心の結果なり」と糾弾している。

落書きとは、たとえば九月一〇日の芝浦製作所の工場のトイレのつぎのようなものである。

「戦争の為に太るのは資本家だけだ、俺たちの敵は支那でもないロシヤでもない戦争だ、前線で死ぬのはみんなプロレタリアの青年たちだ、何十万の戦死！　そして資本家は何千万の金を儲けるのだ！」

合法的出版物の取り締まりの例として、マルクス主義経済学者の大森義太郎の「戦争と言論統制」（雑誌『自由』一九三七年九月号）におけるつぎの部分の削除を挙げることができる。

「味方は常に勝利を占め敵はいつも敗退して居る、そういうふうに国民に思いこませるようにニュースを取捨しつくりあげるのである」

この一節はすべて「削除」となっている。伏字の字数を数えて何と書いてあるかを推測することはできなかった。

掲載後に削除処分となった例もある。植民政策学者の矢内原忠雄《やないはらただお》東京帝大教授の「国家の理想」(『中央公論』一九三七年九月号)である。論考の全体をとおして、「平和擁護、戦争反対を主張」しているような「筆致」が問題とされた。矢内原はこの論考が直接のきっかけとなって、大学を追われることになる。

このような「左翼分子」の「造言飛語」の特徴は、資本家対労働者というように、階級的利害の不一致を強調していることだった。さきの西ヶ谷の報告書は典型例としてつぎのような「造言飛語」を挙げている。

「大衆は喜び勇んで出征するが戦争は何等自分等の利益にならぬ資本家を益々富ませ自分等は命まで犠牲にして搾取される機会を作る許《ばか》りだ」

あるいはつぎのような例もある。

「戦争に勝っても其の利益を得るのは一部資本家であり一般大衆は戦死する丈で何の得

るところがあるか」

報告書は「其の他同趣旨の造言飛語は甚だ多い」と記している。

取り締まり当局が警戒したのは、このような「左翼分子」が出征兵士として戦場に送られることだった。この年七月末の「共産主義者の応召者調」によれば、「検挙拘束中の者」二名、「治安維持法違反前科者にして非転向の者」一六名、「其他行動注意を要する者」一二名、「参考程度の者」八〇名の合計一一〇名だった。それが翌月になると合計二二八名と倍増している。戦線の拡大にともなう自然増と解釈すべきではあっても、取り締まり当局としては警戒しないではいられなかったようである。

「左翼分子」に対する取り締まりはとくにきびしかった。それゆえ流言の仕方も工夫があった。神戸で一九三九年五月頃、つぎのような事例があった。

共産主義思想に傾斜する三八歳の僧侶が五〇銭紙幣一七枚の裏面に万年筆で、「日本たおれたり」、「陸海軍大臣たおせ」、「平沼〔騏一郎〕内閣辞職すべし」、「共産主義拡張」、「蔣介石応援すべし」などの文字を記して、それらの紙幣のうち一二枚を保険集金人に交付して流通させるなどの「悪質な反戦運動」をおこなった。

一二枚の紙幣を流通させたところで高が知れている。それでもこの人物は、紙幣を流通させるだけでなく、知人数人に対しても、この戦争は「聖戦」などではなく、資本家を儲けさせるために、農民や「下層階級の大衆の生命、生活を犠牲として惹き起し遂行している」と「放言」していた。

「造言飛語」とは何か

ここで流言飛語ではなく「造言飛語」とは何かを確認しておく。佐藤卓己『流言のメディア史』によれば、つぎのとおりである。

戦前の「流言」は警察犯処罰令の「流言浮説罪」として取り締まりの対象となった。罰則は三〇日未満の拘留または二〇円未満の科料（罰金）である。風説流布罪もあった。相場の変動などを意図する「虚偽の風説の流布」は、取引所法で処罰され、二年以下の懲役または五〇〇〇円以下の罰金だった。

これらよりも重いのが「造言飛語」罪だった。陸海軍刑法の「造言飛語」罪は、一八八一年に制定されている。当初は軍人が対象で、一般国民は無関係だった。一般国民も対象となった直接のきっかけは日中戦争の勃発である。このように流言飛語が「造言飛語」となったのは、日中戦争下においてだったことがわかる。

「個人主義的自由主義思想」

左翼・共産主義者に対する以上に取り締まり当局が深刻に受け止めていたのは、「個人主義的自由主義思想」の拡大だった。西ヶ谷は報告書のなかで、「個人主義的自由主義思想は我が国の現代思潮の主流を為すものの如く考えられる」とまで言い切っている。なぜならばこの思想を基礎とする社会改革理論は、共産主義者の暴力革命による共産主義社会の実現の可能性を否定して、議会主義に基づく合法的な社会改革を志向していたからだった。

このような思想は「現代の資本主義社会に不満を持つ者の圧倒的支持を得易く社会思想として最も有力な地位を占め帝国大学教授等の有識者も堂々と講壇に於て其の理論を

説き著書を出版して居る」。

取り締まり当局はこのような「個人主義的自由主義思想」にも手を伸ばす。その具体例が自由主義者として知られる東京帝国大学経済学部教授の河合栄治郎の著書四冊の発禁処分（一九三八年一〇月）だった。河合の著作ですら「造言飛語」扱いになった。

在日朝鮮人

取り締まり当局が左翼や「個人主義的自由主義思想」の持ち主と同等程度に警戒したのは在日朝鮮人の「造言飛語」だった。特高の観察するところによれば、在日朝鮮人は日本政府の方針を支持して協力しようとしている。しかし「一部分子」は日本政府の方針を理解せず、根拠のない流言をなし、あるいは反戦的、反国家的言動をなす者が後を絶たない状況だった。

在日朝鮮人の「造言飛語」とはたとえばつぎのようなものである。

「今度の戦争では日本が負けてもよいではないか日本軍人は死んでもよいではないか日

本が敗けると朝鮮が戻るからだ」

つぎのような例も日中戦争が朝鮮や台湾の「植民地民族」の利害に合致しないもののように「誤信」させ、「軍事上有害」とされた。

「今回の事変で日本が負ければよい日本が負ければ朝鮮の独立が出来る支那は連敗と言ってもそんなに負けてばかり居らぬ」

つぎのような「造言飛語」も拘留二九日に処せられている。

「朝鮮の新聞によると慶尚南道《けいしょうなんどう》に朝鮮独立万歳事件が発生し、内地の軍隊がどしどし派遣されているとの事だ」

しかし「造言飛語」をする在日朝鮮人は、特高が認めているように、「極めて少数者」だった。

それよりも民族被差別意識は、京都府下でつぎのような流言を生んだ。

「日中戦争に関連して、郵便局の貯金はすべて軍事費に使用される。郵便貯金は払い戻し制限、あるいは停止されるだろう」

この流言が広まると、京都府在住の朝鮮人のなかには郵便貯金を払い戻そうとする者が激増した。

付言すると、このような在日朝鮮人の日本に対する「民族的反感」や中国人の抗日思想に対して、西ヶ谷の報告書にはつぎのような注目すべき記述がある。

すなわちこれらの「造言飛語」は「当事者の心情に重きを置けば大に酌量の余地あるものと解せられる」。あるいは「民族的感情に支配せられたる点に於て同情すべきは寧《むし》ろ支那人の被告人にあるとも謂《い》い得る」。

このことからわかるように、朝鮮は併合したのだから独立を認めない、しかし中国は戦争の相手国ではあっても、独立国であり、中国人のナショナリズム感情には配慮しなくてはならなかったようである。報告書によれば、このような中国人は「自国政府の抗日政策」にだまされたことになる。

ホラー話のような「造言飛語」

「左翼分子」や在日朝鮮人の「造言飛語」と同程度に取り締まり当局が警戒したのは、「軍の困苦或いは戦争の悲惨なことを誇張するもの」だった。さきの報告書のなかで、西ヶ谷はつぎのように推測している。この種の「造言飛語」は反戦・反軍の動機よりも戦場における兵隊の困苦に同情した結果、有害なことに気づかずに犯してしまうことが多い。

これらの「造言飛語」のなかで全国的に広まったものとして、つぎのような流言があった。重要なので、長文ながら、引用する。

「家の直ぐ傍の八百屋の御内儀《おないぎ》さん〔奥さん〕から聞いたのだけれども、其の八百屋の亭主が出征して向うで負傷して内地に帰されて、病院に這入り、病院の軍医さんから御内儀さんに面会に来いと云う通知があり、御内儀さんが親戚の人か誰かに伴われて病院に行ったところ、暫く待たされるので、一人で店をやって居るのだから長い時間待たされては困ると言うと、軍医は面会はさせるが、どんなことがあっても驚くなと言ったので、御内儀さんは大丈夫ですと言って病室に入り、亭主に会ったところ、亭主は手も足も無くなり、硝子《がらす》の甕《かめ》に這入って居たので、お内儀さんは亭主の顔を見るが早いか卒倒したそうだ」

見方によってはホラーのようなこの両手両足を奪われた戦傷兵の話は、真実ではなく流言として退けられている。しかし当時の人々にとって初めてのことではなかったはずである。その理由として、江戸川乱歩の「芋虫」の例を挙げる。

この作品は戦争で両手両足を失い耳も聞こえず口もきけなくなった頭と胴体だけの姿で、眼だけが見える陸軍中尉と彼の妻の物語である。当局は日中戦争下の一九三九年にこの作品の全篇削除を命じた。同じ年、欧米ではダルトン・トランボの『ジョニーは戦場へ行った』が刊行されている。こちらの方は第一次大戦における類似のストーリーである。

「芋虫」の初出が一九二九年だったことに注意したい。この作品は当初、「悪夢」のタイトルで雑誌に掲載された。すなわち「芋虫」（「悪夢」）は、戦時下ではなく、「エロ・グロ・ナンセンス」の時代の産物だった。この作品は反戦小説ではなかった。江戸川乱歩が自ら説明している。

「反戦的なものを取入れたのは、偶然、それが最もこの悲惨に好都合な材料だったからにすぎない」

要するに日中戦争が始まるよりも前に、同時代の国民は、四肢喪失の主人公のグロテスクな物語を受容していた。

それゆえつぎのような「造言」も真実として流布したのだろう。

「泉村の少尉で戦死した人は、敵から捕虜にされ手足や耳等を斬り取られ、日本の兵隊が応援に行った時には、未だ存命して居たが、遂に無残な死に方をしたそうだ」

これらの「造言飛語」がたとえ兵隊の困苦に対する同情の結果だったとしても、当局は戦争に対する「嫌悪反感の念」を生じさせ、「士気の阻喪《そそう》〔気力がくじけること〕を誘起する」として取り締まった。

「五体不満足」の英雄

実在の手足を失った主人公が反戦・反軍とは正反対に、国民から戦争支持を調達する目的で英雄扱いされることがあった。

日中戦争下、国民を戦争に動員することを目的とする官製国民運動＝国民精神総動員運動が展開される。この運動を推進する側は、月に二回、国民を啓蒙する新聞『国民精神総動員』を発行する。この新聞の一九三八年二月一日号の紙面に登場するのが主人公の「中山亀太郎君」である。

三四歳の中山君は、子供の頃、汽車に轢《ひ》かれて、両手と片足を失う「無手隻脚《むしゅせっきゃく》」となった。学校では「一本足の案山子《かかし》」とからかわれた。母の言いつけにしたがって勉強した中山君は優良の成績を上げて、大学の専門部に通学し、中等学校教員の免許状を得るまでになった。今では字は足の指に筆や万年筆を挟んで、あるいは口で書き、安全カミソリで顔も剃る。わきの下にナイフとフォークを挟んで、洋食を食べることもできる。

中山君は傷痍《しょうい》軍人を護る特別な人物としての役割を果たす。中山君は傷痍軍人の慰問と講演の行脚に出る。一九三八年三月の一ヵ月間に二一もの陸海軍病院に派遣された。中山君の慰問講演は「大いに白衣の勇士達をして強い信念と明かるい希望をもたらせることが出来た」。

中山君はホラー小説に登場する異形の主役ではなかった。中山君は「エロ・グロ・ナンセンス」とは無縁の存在だった。中山君を好奇の目で見てはならなかった。両手と片足を失っていても、彼は英雄だった。中山君は傷痍軍人の模範となった。傷痍軍人になっても、中山君のように国に尽くさなくてはならなかった。

「自己の体裁を飾りあるいは功績を誇らんとする場合」

「造言飛語」には反戦・反軍思想を煽るものばかりではなく、「自己の体裁を飾りあるいは功績を誇らんとする場合」もあった。たとえば出征の事実がないのに、自己の経歴を詐称して虚構の実戦経験を語る。あるいは実際に出征して帰還した兵士が戦場の様子を誇張して自己の体裁を飾り功績を誇ろうとする。周囲からの称賛を得たいがために、スパイを取り押さえたとの虚構の事実を吹聴する。西ケ谷の報告書によれば、このような動機に基づく「造言飛語」は「相当に発見」された。

プロパガンダ戦争としての日中戦争

日中戦争は軍事力による戦争であると同時にプロパガンダによる戦争だった。プロパガンダ戦争としての日中戦争で緒戦の勝利を収めたのは、中国だったようである。

その直接のきっかけは米国の雑誌『ライフ』の一九三七年一〇月四日号である。

この『ライフ』は「上海南駅の赤ん坊」の写真を掲載した。写真に写っていたのは日本軍の爆撃によって破壊された上海南駅における悲惨な姿の赤ん坊だった。この写真はニュース映画の一コマで、ニュース映画とあわせて世界中の延べ一億三六〇〇万人が見たという。なかでもアメリカ人に与えた影響が大きく、この写真は中国支援や反日ボイコット運動に使われた。この写真は日本の「野蛮性」「残虐性」「非人道性」を世界に印象づけることになった（井上祐子『戦時グラフ雑誌の宣伝戦　十五年戦争下の「日本」イメージ』）。

日本側はこの写真がでっち上げであるとの記事（「カメラは嘘をつかないか」）を『アサヒグラフ海外版』（一九三八年二月号）に掲載した。しかし反論に説得力はなかったようである。

この写真の真偽には諸説ある。やらせ、でっち上げ、トリック写真なのか、それとも真実だったのか、今となっては（あるいは当時においても）たしかめる術はない。はっきりしているのは、この写真が与える衝撃によって、プロパガンダ戦争の緒戦において中国が勝利を収めたということである。

日本側もこの写真に対抗するかのように、赤ん坊の写真を使ってプロパガンダ戦を展開する。『大阪毎日新聞』と『東京日日新聞』の特派員が撮影した『支那事変画報』（一九三八年六月一一日号）には見開き二ページで「軍装の天使」とのタイトルの写真が掲載されている。この写真は日本の兵士ふたりが中国人の赤ん坊を介抱して、水筒の水を飲ませている。

キャプションには概略、つぎのように記されている。敵を掃討していると、「不思議にも赤ん坊の泣き声」がする。長島徳一上等兵が駆けつけてみると、生後八ヵ月くらいの「丸々と肥《ふと》った男の赤ん坊が灼《や》けつくような炎天に照りつけられ仰向けになり声を限りに泣いていた」。新聞記者とともに近づいてみると、熱を帯びけいれんを起こしているようである。そこで赤ん坊を抱きあげ水筒の水をふくませた。赤ん坊は「大人のように大きく口を開けてごくりごくり飲んだ」。そこに居合わせた鈴木政雄曹長に諮り、「皇軍の手で保護されている一支那人に養育方を託した」。

なぜ赤ん坊がひとりでここにいるのか。「支那敗残兵の襲撃を逃れんとした子供の母が無慈悲にも幼児を麦畑の中に捨て逃走したものである」。長島上等兵は赤ん坊を抱きながら、「子を捨てて逃げる支那婦人の気持もわからないが、戦敗国の惨めさは罪なき子供にまでこんな苦労を見せるのです、麦畑の中に泣いている子をみた時は涙がこぼれて仕方がありませんでした、戦争中でなければ是非育ててやりたいのですが、戦いの真最中なれば致方ありません」。

果して母親は中国の敗残兵から逃れたのか、日本兵からだったのではないか。あるいは母親は逃れることができたのか。たしかなことは戦場に赤ん坊が残されていたということだけである。この事実から人道的で赤ん坊にやさしい日本の兵隊を演出しているのがこの写真だった。

内閣情報部

さきの「上海南駅の赤ん坊」の写真は、内閣情報部に危機感を覚えさせた。プロパガンダにおける写真の有用性に気づいた内閣情報部は、写真宣伝の資料収集をおこなう一方で、国民の啓発事業を展開する。

内閣情報部はプロパガンダ戦を「武器なき戦い」の「思想戦」と呼ぶ。内閣情報部長横溝光暉《よこみぞみつてる》は一九三八年二月八日、ラジオ放送をとおして、国民に直接、「思想戦」の重要性を訴える。横溝はここで概略、つぎのように力説している。

戦争は武力と武力の戦いだけではない。今日では戦時と平時の明確な区別が困難になっている。戦争は平時から経済、外交、思想などあらゆる方面においておこなわれている。「思想戦」は戦時平時を問わず、たえずおこなわれている「武器なき戦い」である。国によっては「思想戦」をもっぱら謀略として展開する。しかし我が国の「思想戦」は「正々堂々」の「正道」を堅持する。我が国は日中戦争の大きな原因の「赤い手」（共産主義）に対して、「日本精神という弾丸」で打ち返す。

世に言う宣伝とは「思想戦」のなかの「技術的な部門を担当」する。「思想戦」すなわち宣伝戦である。宣伝は偽りを伝えたり誇大に吹聴したりする「邪道的なもの」ではない。中国の宣伝戦は「デマ宣伝」「虚偽の宣伝」である。対する日本の宣伝は「ある目的達成のために正しい事をそのままに普《あまね》く伝えて共鳴と理解とを求める」ことを意味する。今や日中戦争は新しい段階に入った。これから「思想戦」はいっそう重要になる。

「思想戦展覧会」

以上のように横溝が「思想戦」を強調したのは、内閣情報部主催の「思想戦展覧会」の開催を国民に告知する意図からだった。前年の一二月下旬、内閣情報部は各省に呼びかけて一ヵ月余の短期間でこの「思想戦展覧会」を準備した。

「思想戦展覧会」は一九三八年二月九日から二七日まで、東京の日本橋高島屋八階催場で開催された。正式名称は「武器なき戦い、世界に渦巻く思想戦展覧会」である。一日平均約七万人、合計一三三万人の入場者が押し寄せた。

会場の構成はつぎのとおりである。

入り口の右側には「武器なき戦い、世界に渦巻く」の文字、左側には「思想戦展覧会、主催内閣情報部」の文字が「ネオンの光もまばゆく輝いている」。入り口から順路にしたがって参観すると、最初に「日本精神」とは何かがジオラマ（遠近法を応用した実景の小型立体模型）を使ってわかるようになっている。

さらに世界各国の思想分布、宣伝戦の様子が「立体図表化」され、あるいは司法省提供の左翼からの転向者の手記などが展示されている。そしていよいよ本展覧会の「呼物の一つ」である「支那の抗日資料」の場面となる。そこには絵入りポスター、煽動ビラ、抗日雑誌、抗日漫画集などが「執拗《しつよう》にしかも強烈に抗日排日の宣伝を行ったかを雄弁に物語って」いる。この場面の最後は中国の村の風景のなかで日本軍兵士と中国の住民が「心から融合している」様子である。

主催者側はこの展覧会を自画自賛する。展覧会が成功したのは、「其の内容が国民の予期以上に重大且興味ありたる事と共に、国民が今次事変に於て、思想戦が如何に重要なる役割を占むるものなるかを体験したるに由るものなるべし」。

果してそうだったのか。展覧会は大阪、京都、福岡、札幌、朝鮮半島の京城府《けいじょう》などでも開催された。しかし入場者数は不明との場合も少なくなかった。想定よりも入場者数が少なかったからかもしれない。

それだけではない。総じて中国の抗日資料の出来がいい。日本側のものは完成度が低い。たとえば「起《た》て、このおれ達を圧迫する暴敵を殲滅《せんめつ》しろ」との文字が躍る抗日ポスターには武器を持って立ち上がる勇壮な中国人が描かれていて、迫力満点である。見学者は複雑な気持ちを抱いたかもしれない。抗日画報も多彩だった。その意図は三つに大別されるとする。第一は日本軍が非戦闘員や文化施設を破壊したと非難すること。第二は日本軍の弱さを宣伝すること。第三は中国軍の強さを誇張すること。

対する日本側の展示物は訴求力がなかった。

たとえば中国の学校の教室がパノラマとなって展示されている。中国人の教師と生徒が何か書いている。このパノラマをみても何のことだかわからない。説明によれば、中国全土の小学校で排日感情、抗日思想が国語や歴史の授業だけでなく、音楽や遊戯、運動会でも教育されていることを示しているようである。一目見てわからないようでは、効果はなかっただろう。

あるいは中国の「罪なき良民」に日本軍が食糧や生活必需品を与えたり、医療や商店の開店などに関する建設工作や保護、誘導したりしているさまを示そうと意図したパノラマは、単なる風景にしかみえない。意図を具現化する手段が稚拙だった。

例の「上海南駅の赤ん坊」の写真も「支那のデマ写真」として展示されている。ここでも躍起になって否定してみせなければならないほど、この写真のプロパガンダ効果は大きかったようである。

結局のところ、この展示会がどの程度まで国民を啓蒙することができたのか、明確にはわからずじまいだった。

戦場写真の検閲

何かをみせることで戦う思想戦もあれば、不都合な真実を隠して戦う思想戦もあった。それが軍部による戦場写真の検閲である。

陸軍は一九三七年九月九日に「新聞掲載事項許否判定要領」をまとめる。この「要領」によれば、掲載許可の基準は、軍隊の過去の行動のなかで現在と将来の意図がわかるおそれのない「局部的」な記事と写真である。この場合でも「兵器材料の性能を窺知《きち》し得ざるもの〔うかがい知ることができないもの〕」に限られる。「明朗なる召集美談」や「銃後の美談」も掲載許可である。

不許可はどうか。「飛行場及飛行機事故」、旅団長（少将）以上の写真、「装甲軌道車」、「水陸両用戦車」などのほかに、「支那兵又は支那人逮捕訊問等の記事写真中虐待の感を与えるおそれのあるもの、あるいは「惨虐《ざんぎゃく》なる写真」。ただし「支那兵又は支那人の惨虐性に関する記事」は差支えなかった（なお海軍の基準もおおむね陸軍と同じである）。

この基準によって、一九三七年九月に上海の公大飛行場で撮影された南京空襲に出撃する海軍機の写真が不許可になった。同月の上海・北四川路で撮影された戦車の内部写真も同様である。戦車の外観ならば許可されたかといえばそうではなかった。同月の上海での戦車の陰で休息する日本兵の写真は、戦車の砲身を消すことが条件だった。別の待機中の戦車隊の写真も車体の文字と砲身を消さなければ掲載許可にならなかった。

このような検閲は厳格におこなわれていたかといえば、必ずしもそうではなかった。おそらくは膨大な写真を相手に検閲する側も手が回りかねたと推測する。

たとえば敵前上陸前の輸送船のデッキで入浴中の兵士の写真は不許可だった。兵士の裸体姿がいけなかったようである。ところが上海での「久しぶりの天気に前日の着物を乾かす部隊」の写真は、裸体の兵士が写っているのに許可された。

なかにはなぜ不許可になったのか、すぐにはわからない写真もあった。その一つとして、一九三七年一一月八日の高松宮宣仁《たかまつのみやのぶひと》親王（海軍大佐）の上海戦線視察の写真がある。塹壕《ざんごう》を視察する際に身をかがめているのが問題になったのかもしれない。たしかに威厳があるようには見えない写真である。

「惨虐なる写真」は不許可の基準から、写真に写っている死体は、日本人であれ中国人であれ、不許可かその部分の抹消が指示された。ここで例示するのもためらわれるような凄惨な写真が何枚となくある。第二次上海事変当時の上海の最高級ホテル＝キャセイホテル附近の写真もそのうちの一枚である。いくつもの死体が転がる惨状は正視にたえない。日本人記者の写真は不掲載でも外国人記者の写真は世界に送られた。日本国内向きに不許可にしても、外国人記者が世界に送ってしまえば、宣伝戦での不利は否めない。

この写真は、中国軍の爆撃によって二〇〇〇人余りの死傷者が出たことを示している。そうだとすれば、「支那兵又は支那人の惨虐性」を表す写真だから、掲載許可でもよいはずである。「惨虐なる写真」と中国側の「惨虐性」との間で、検閲に迷いがあったのか、ともかくも不許可となった。

なぜ掲載許可になったのか、よくわからない写真もある。

一九三七年九月一〇日号の『支那事変画報』には「戦友に抱かれて帰る戦死者の遺骨」の写真が掲載されている。写真全体を覆っているのは、数えきれないほどの白い包みを首からぶらさげた兵士たちの姿である。日中戦争が始まってわずか二ヵ月ほどでこれだけの戦死者が出ている。この写真を見た者は、戦争が容易ならぬ状況であることを思い知らされ、厭戦《えんせん》的な気持ちになったかもしれない。

この写真の下には「勇士の遺骨天津駅に着」との見出しで、「天津在留婦人連遺骨奉安所の整理に当る」との写真が掲載されている。そこには白い布に包まれた多数の袋が山積みになっている。日本が勝っていると楽観することはできない、戦争の過酷な現実を想像させる写真である。一一月一〇日号に掲載された「戦線雑景」と題する写真のうちの一枚も見る者に不安を抱かせたのではないか。そこには「倉永部隊長戦死の跡に建てられた墓碑」として、墓碑に向かって頭を垂れる六名の兵士の姿が写っていたからである。

完璧な検閲などなかった。検閲洩れの隙間から戦争の現実がこぼれ落ちた。

伝単

写真の検閲は銃後の国民に対する宣伝戦の手段だった。対する中国大陸における宣伝戦の手段として用いられたのが伝単と呼ばれる宣伝ビラだった。宣伝ビラの目的は敵国の兵士や国民の戦意を低下させ、交戦中の兵士の投降を促すことだった。

伝単には日本軍が飛行機から撒いた中国語で記されているものもあった。

「投降票を活用して幸せになろう。／日本軍は君を優遇する！／世界の大勢に目を向け、同文同種どうしで争ってきた力を合わせ、中日満の連携、東亜の発展に努力しよう！／早く欺瞞《ぎまん》に満ちた強制から逃げなさい」

このような伝単はそれなりの効果があったようで、一九三七年一〇月二六日に撒いた伝単（そこには「武器を捨てて降れ、日本軍は捕虜をいじめはしない」との趣旨が記されていた）を拾って、翌日、数名の中国軍兵士が投降してきた。ほどなくして彼らは斬られたという。

対する中国国民政府軍の伝単の一つに「通行証」がある。そこには「この通行証を持つものはどこでも絶対に生命の安全を保障される」あるいは「負傷者には親切に治療させる」、「帰国したいものには旅費を与える」などと日本語で記されている。

果して日本軍兵士がこの伝単を真に受けただろうか。日本軍の側が伝単をどう使っているか、よくわかっていただけに、中国側からすれば効果はないに等しかったのではないか。

このように日中戦争は軍事力だけでなく、宣伝戦としても戦われた。その勝敗は見極めがつかなかった。日中戦争は長期化の一途をたどることになった。

Ⅳ章　日米戦争

真珠湾攻撃

一九四一(昭和一六)年一二月八日午前七時頃、ラジオが臨時ニュースを伝える。

「大本営陸海軍部十二月八日午前六時発表。帝国陸海軍は今八日未明、西太平洋において米英軍と戦闘状態に入れり」

この日、日本軍は真珠湾を攻撃した。

日本国民が真珠湾奇襲攻撃を知ったのは、同日午後一時、六回目の大本営発表においてである。

「帝国海軍は本八日未明ハワイ方面の米国艦隊ならびに航空兵力に対し決死的大空襲を敢行せり」

注目すべきは、同日午後六時の首相官邸からの情報局による放送である。

「政府が全責任を負い、率直に、正確に、申し上げるものでありますから、必ずこれを信頼して下さい」

この放送内容に嘘はなかった。情報局の情報だけでなく、大本営発表の情報も開戦当初は正直に戦果を伝えていた。保阪正康『大本営発表という権力』（講談社文庫、二〇〇八年）によれば、大本営は国民に正確な情報を伝えることで、戦争への協力を調達しようとしていたからである。

開戦時の国民世論の動向はどうだったか。内務省警保局保安課が各地の状況をまとめている。いくつか例示する。たとえば秋田県はつぎのような状況だった。

「財界、金融界平穏にして、県民に開戦と皇軍の電撃的作戦に留飽〔溜飲〕下れりと意気旺盛流言なし」。群馬県も同様で「皇軍の戦果に快哉を叫び流言無し」。

こうした状況は他県でも同様だった。各地の状況をまとめて、この警保局保安課の報告書はつぎのように指摘する。

「民心は極めて明朗平静にして警戒管制実施せられたるも流言飛語等殆んどなく〔……〕治安上不安なし」

政府が嘘をつかなければ民心は安定する。流言飛語も起きない。まったくなかったのではない。開戦直後、たとえば「新潟県は米軍飛行機の為空襲を受け被害甚大の模様なり」とか「東京湾に敵の潜水艦二隻が襲撃し来れるに対し我は目下砲撃を開始せり」などとの流言飛語が現れた。しかしこれらの流言飛語は「極めて小範囲にて解消せられ、目下の処断種流言は認められざる状況」だった。

真珠湾攻撃から約二ヵ月後、今度はシンガポールが陥落した。国民の間に楽観論が広がる。政府は楽観論を戒める。一九四二（昭和一七）年三月三日付の情報局の「輿論指導方針」に関する文書は、排除すべきいくつかの例として、「彼は赤（共産主義者）」である、あるいは「彼は敵国の第五列（敵国に紛れ込んで味方の軍事行動を助ける人）」である、とする無根拠の誹謗《ひぼう》によって、官民間や国民相互間の「猜疑不信」、ひいては「国内の相克対立」を招く恐れのある言動を挙げている。あるいは「日本精神」を強調するあまりに、「科学の振興を停頓」させるような言動も排除すべきだった。

このように戦時下の日本社会は監視社会とは程遠かった。相互監視による相互不信に陥ることなく、国民が一体となって戦争を遂行することが求められた。国民の分断は避けなければならなかった。戦争を続ける上で重視されたのは、精神主義よりも合理的な技術革新だった。

「大東亜戦争」を肯定する

日米開戦後、南方から太平洋へ日本軍は勢力を拡大する。この「大東亜戦争」を国内外に正当化するプロパガンダとして、いくつものグラフ雑誌（写真を主にした雑誌）が創刊される。一九三〇年代から一九四〇年代にかけて、日本を含む各国は、自国を宣伝する目的で、写真を組み合わせたメッセージを伝える媒体として、グラフ雑誌を利用し始めた。そのなかの一つが『戦線』である。

この雑誌はRECORDS OF VICTORYの英語タイトルが与えられている。『戦線』は折りたたみ形式で、開いていくにしたがって二倍四倍と広がって大きな画面になる。ある号の写真は「空中戦絵巻」と名づけられている。この写真はモンタージュの切り張りで、専門家がみれば「すぐに絵空事とわかる劇画風の画面」だった。しかしこの写真をみた占領地の人々は本物と見誤ったかもしれない。嘘の写真が「大東亜戦争」を正当化した。

もう一つのグラフ雑誌『同盟グラフ』は主に国内向けだったようである。一九三五年、当時の二大通信社「聯合《れんごう》」と「電通」が併せて「同盟」一社になった。この国家を代表するかのような強力な通信社が一九四〇年にグラフ雑誌『同盟グラフ』を創刊した。

このグラフ雑誌は写真だけでなく文字情報も掲載している。そこには「大東亜共栄圏」の美化があふれていた。たとえば一九四二年三月号には、緒戦の勝利を背景として、「手を握る南の民族／進むところ親日ぶり」とのタイトルの記事がつぎのように記している。

「南方戦局の進展に伴って皇軍の征《ゆ》くところ随所に明朗な住民との協力風景が開かれている。〔……〕これら南方住民の親日ぶりは、それだけ大東亜建設の前途を明るく感じさせるものがある」

この記事によれば、「大東亜共栄圏」の建設に惜しみない「全面的協力」をしているのは、もともと東南アジアの独立国だったタイと仏印《ふついん》（現在のベトナム・ラオス・カンボジア）だった。

この記事は欧米の植民地統治を非難することも忘れない。

「米英蘭人がその貪欲あくなき搾取を以て南方諸民族を今日の悲境に陥れたことは今さら説くまでもあるまい」

なかでも多民族国家アメリカに対しては、有色人種の「大東亜共栄圏」を正当化する立場から人種差別を批判する記事が掲載されている。一九四二年六月号の記事「アメリカの癌／黒人問題の台頭」が詳述している。この記事は強調する。「自由を標榜するアメリカの歴史は、実に人類の恥辱ともいうべき人間虐使の暗黒史から始まったのである」

そこに掲載されていたのは「人類史の汚点・奴隷船」の図や「奴隷時代の黒人の住宅」の写真だった。この記事は黒人を称賛する。「ニグロと呼んで軽蔑しているこの黒い人間の中に恐るべき才能が潜んでいることに、白人たちは気づいたのである」。

そうはいっても当時の日本人にアメリカ黒人の受難の歴史がどれほど理解されたかは疑わしい。黒人の存在を実感できる機会は限られていた。結局のところアメリカの黒人は、敵の敵は味方程度に過ぎなかったようである。

「大東亜共栄圏」の正当化に忙しいこのグラフ雑誌にも真実が紛れ込む。一九四二年二月号の記事「桃太郎と共栄圏」は、日本＝桃太郎、欧米＝鬼、東南アジア＝鬼ヶ島、東南アジアの諸民族＝猿・犬・雉《きじ》にたとえて、「大東亜戦争」を桃太郎の鬼退治になぞらえている。この記事は言う。南洋は資源の宝庫である。しかし「宝庫の扉が簡単に開くか否かが問題なのである」。猿や犬、雉に協力してもらうには「彼等に今迄よりも一層よき生活を保証してやることが肝要である」。どのように保証するのか。主食の米を確保することである。対する日本はこれまでタイ米や仏印の米を大量に輸入してきた。「何時までも之れに頼る習慣をつけてはならない」。

この記事は「米は南方に頼るな」と米の自給自足を強調する。この程度のことで東南アジアの諸民族の協力を得るのはむずかしかっただろう。それでも一方的に資源供給地として従わせようとしても無理なことくらいはわかっていたようである。

しかしそのようないわば余裕も戦況の悪化によって失われていく。

一九四五年一月号に「マライの建設を語る座談会」が掲載されている。「マライ」とはマレー半島とシンガポール島などを含む東南アジアのマレー地域を指す。この記事は「いま共栄圏各地に一刻の猶予もなく」と危機感を露わにする。「深刻な戦局に即応する南方各地の緊急戦力化」が必要だった。「錫《すず》生産の現状はマライ全部で約〇万トンです。これは戦争直前の〇割にしかあたりません」。軍事機密ゆえか、伏字の〇になっている。

それでも読めば生産が足りないことはわかる。

それではボーキサイトはどうか、ゴムはどうかと続く。資源があってもそれを日本に運ぶ輸送船がなくてはならない。ところが造船事情は悪かった。それだけではなかった。「南方戦力化の隘路《あいろ》〔障害となることがら〕は資材、労力、輸送」だった。もはや「大東亜共栄圏」どころではなくなった。

緒戦の勝利のあとで

時計の針を開戦時に戻す。国民は真珠湾攻撃の緒戦の勝利に酔っていた。戦時下の緊張は弛緩しがちだった。

国は厚生省が全国各地の状況を調査している。一九四二（昭和一七）年一〇月に実施された東北・北海道地方の視察報告によれば、「国民は概して緊張せるも尚緒戦の大捷《たいしょう》〔大勝利〕に慣れ未だ総力発揮の気分足らざるものあり」との社会状況だった。時局認識は徹底を欠いていた。国民は「現在の生活に追われ時局に無関心」だった。

他方で戦局は悪化する。この年の六月五日から七日のミッドウェー海戦で、日本軍は敗れる。日本軍はこの海戦で空母四隻（赤城、加賀、蒼龍、飛龍）、重巡洋艦一隻、飛行機二八五機を失った。対する米軍が失ったのは、空母一隻（ヨークタウン）と駆逐艦一隻、飛行機一五〇機だった。

大本営発表は嘘をつく。日本側の損害は空母一隻喪失、空母一隻大破、巡洋艦一隻大破、未帰還機三五機に対して、アメリカ側は空母エンタープライズ型一隻と空母ホーネット型一隻撃沈、一二〇機撃墜だった。

大敗から三日後の六月一〇日、ラジオの大本営発表は「軍艦行進曲」とともに、以上の嘘の戦果を伝えた。大本営海軍部は「刺し違え戦法」とごまかした。

さらに八月七日からはガダルカナル島をめぐる日米の攻防戦が始まる。このガダルカナル島の攻防戦でも大敗して翌年二月に撤退する際に、大本営は初めて「転進」と発表することになる。

さきの視察報告書に戻ると、この報告書は大本営の嘘の発表に注意を喚起している。「現在軍当局の発表の程度」では、時日の経過とともに、「真相一般に漏れ」て、国民に「戦局の前途に何となく不安」を抱かせて、軍への信頼が失われるおそれがある。

それではどうすればよいのか。この報告書は上層階級、トップの率先垂範《すいはん》〔模範を示すこと〕を求める。国民に「苦難に堪え」させ、「長期戦に対応」させるには、「善良なる政治」をおこなうことが重要である。それには官公吏が率先垂範、「知識階級指導的立場」にある者も模範を示さなくてはならなかった。

トップの率先垂範は企業社会でも求められた。宮城県の視察報告によれば、ある企業の重役はラジオ体操まで徴用者といっしょにおこなって、彼らの劣悪な労働環境を知り、一〇時間労働を九時間労働に短縮した。

しかしこのような事例は例外だったようである。中部地方の視察調査によれば、工場で徴用者を雇う側は、「儲かれば人などどうでもよい」「物さえ出来れば人などどうでもよい」との「潜在意識」があり、徴用者を育てようとはしていなかった。その結果、愛知時計工場では一一時頃になると、工員はむだなおしゃべりをして時間をつぶしたり、ぼんやりとたたずんだりするばかりで能率が上がらず、「怠業気分」に包まれていた。

彼らを「月並の訓示訓話」で奮い立たせることは不可能だった。精神運動では工場の生産性を上げることはできなかった。

つぎのような嘘の事例もあった。

岐阜の長良川のホテルでは、朝食にオートミールが出て、ミルクを「満々と」かけていた。外国人の宿泊客にミルクを飲ませ、バターを出すことで、食糧が豊富であると嘘の見栄を張ろうとしたからだった。現実には牛乳や乳製品は極端に不足していた。嘘をついて見栄を張るのは防諜上の問題とは関係ない。視察委員はそう指摘して、乳幼児と病人以外の牛乳および乳製品の使用と配給を禁じるように求めた。

軍人援護をめぐる建前と本音の違いの問題もあった。同じく中部地方での事例である。傷痍軍人は援護されなければならない建前だった。ところが本音では傷痍軍人や遺族を快く思っていないように感じられた。傷痍軍人の方にも問題があった。援護を受けることを当然の権利のように考えるような言動をする者だけでなく、遺族や家族の女性に近づいて「風紀上の問題を起す」者も増加するのではないか。そのように疑わせるような状況だった。

ある視察委員は指摘する。腹がへっては戦は出来ぬとは「下品」で「意気地」なしのことわざではなく、むしろ真理と言うべきである。戦時下の国民社会においては、それほど生活物資をめぐって不安や不満、不平が渦巻いていた。

どうすればよいのか。「国民生活指導の要領は『求めず与えよ』の一語に尽くるべし」。すなわち「政府は生活必需品は一物たりとも多く与える為めに最善を尽され度《たし》」ということだった。そうに違いない。しかし物資の不足は深刻で、「塩が欠乏して漬物が出来ず野菜を畑中に放棄」しているような有様だった。

米不足をめぐる流言飛語

物資の不足、なかでも食糧不足、とりわけ主食の米の不足は、戦時下の社会に深刻な影響を及ぼす。米不足をめぐる流言飛語が広まる。

司法省刑事局発行の『経済月報』（一九四二年三月）は指摘する。米不足は「本能的に」「死を連想」させる。「流言」は「死に関するもの」が「大半を占め」る。労働者のなかにはあえて犯罪を犯し、「食」のためならばあらゆる手段を講じる風潮がある。

たとえばつぎのような流言飛語の事例がそうだった。

富山県である男が言った。

「或若い婦人が、赤児を背負い大きな風呂敷包を持って、或駅に下車した際巡査に取調べられた処、米が出て来たので『何処から持って来たか』と附近の河へ其の米を投げ込まれたので、婦人は発狂し、背負って居た赤児を其の河に投げ込んだので巡査は之を救けようと飛込んだ処二人とも溺死した」

この男は警察から厳誡処分を受けた。

米は配給制になっていたものの、闇米の価格が暴騰していた。富山県である男が言った。

「東京では米が一升十円だそうだ。之を聞いた或人が米五升と小豆三升を持って東京へ行った処、矢張り米が五十円、小豆が十五円に売れたので、ゆっくり東京見物をして来たそうだ」

この男も厳誡処分を受けた。

戦時下のハイパーインフレと物不足はつぎのような「特異現象」の流言飛語を生んだ。

奈良県の例である。

「近頃は金があっても何も買えぬと言って、或る夫婦は有金全部を破り棄て心中したそうだ」

この資料には「指導的立場に在る者の流言となる虞《おそれ》ある言動」も収録されている。「流言となる虞」となっているから、流言ではなく事実を語っているのだろう。新潟県のある村の村長が語る。

「米の足りない事には実に困って居る、本村で飯米を購入しなくて良い者は三十名位で、現在の配給量では生きて居るのみで働くことは出来ぬ。代用食を配給して貰い度いとの声が盛にあるので出県して陳情したいと思って居る」

新潟県のある村の配給係の書記は言う。

「何しろ警察が喧《やかま》しくて困る、県に報告するには全部重労働者として報告するより外に手はない」

重労働従事者の米の配給は多かった。現場では虚偽の報告をして、少しでも多くの米の配給を得ようとしていた。

社会の現実

以上の米不足をめぐる流言飛語の背景には、つぎのような社会の現実があった。引用する史料（司法省刑事局発行の『経済月報』一九四二年三月）は、調査期間が一九四一年一二月二四日から翌年三月末日までの開戦から三ヵ月の短期間だったことに注意する。

この史料の「概況」によれば、当時の状況は以下のとおりだった。

余剰米は費消して、代用食も激減、業務用の米の高度規制、食物全般の不足にともなって、闇取引による横流しが横行していた。空襲を予想する食糧不安の心理的な影響もあった。刻々、高まりつつある不平、不満、不安、動揺は「認識不徹底の為」とは言えなかった。都市も農村も労働者や多子家族、青少年を持つ家庭において、救急対策をおこなったものの、事態は深刻だった。当局のあらゆる対策にもかかわらず、流言飛語が広がった。食糧品窃盗その他食糧に関する犯罪が多発した。

米不足がもっともひどかったのは労働者だった。長崎県で工場の出勤率の低下の原因を調査したところ、欠勤者の大半は食糧の買い出しに忙しかったからだった。新潟県では「涙なくして聞けぬ窮状に喘《あえ》ぐ労働者家族の飯米不足を見るに忍びずとして町長より県知事に対し増配を嘆願した」例もあった。大阪では徴用工が「空腹に耐えず他県下に逃亡し逮捕」された。朝鮮半島からの日雇い人夫は、「兵舎よりの養豚用払下残飯を、業者より買受け飯米と為したる」ほどの惨状だった。

学校でも同様だった。昼食の弁当を持参する児童は激減した。持参しても少量だった。昼食をとらない、あるいは帰宅して粥食をとる児童も多かった。

朝礼訓示の際、あるいは体操の時間に児童が昏倒《こんとう》するようになった。あるいは空腹をおそれて体操や作業、遠足などを欠席する者が多くなり、保護者もこれらの行事の中止を求めるようになった。発育盛りの児童の体位の低下は「国家的社会問題として憂慮すべき情況」にまで深刻になっていた。

翌一九四三年四月の「昭和十七年度経済犯罪概説」によれば、経済犯罪の情況は、「『生活必需物資に関する末端配給部面に於ける氾濫』の一語に尽きる」有様だった。「ヤミなる語は三歳の幼児も之を知る」と言われるほど、日常生活必需品をめぐって闇取引が横行していた。

工場では闇賃金の工場や逃げようとする徴用工の徴用忌避や業務懈怠《けだい》〔怠慢〕、逃亡、無断欠勤の日常化が顕著だった。

報道の情報統制

以上のような国内状況にもかかわらず、政府はラジオをとおして「大東亜戦争完遂に邁進」すると掲げながら、情報を統制しようとしていた。「放送番組をすべて国家目的に即応せしむること」はもとより、「慰安」や「娯楽」のラジオ放送も「健全」で「雄大」なものにすることとなっている。その意図は「米英的、小市民的色彩を払拭」することと「都市的、知識層的観念を脱却すること」だった（情報局「長期建設戦に策応する国内放送の基本方針」一九四二年二月一八日）。

ここに示されているように、日本政府は米英との戦争をとおして新しい社会を作ろうとしていた。その新しい社会は、都市よりも農村・漁村における大衆が中心となるはずだった。

他方で戦況は悪化していた。この年（一九四二年）の四月一八日には日本本土がはじめて米軍の空襲に遭った。さらに六月五日に始まったミッドウェー海戦は、短時日のうちに日本側の敗北となった。政府は報道の情報統制に関しても、空襲に備えなければならなくなった。大本営陸海軍報道部と情報局は、七月と八月に協定・覚書を交わす。空襲に際しては大本営が発表して、同時に情報局に通報することになった。

報道の情報統制は敵の謀略宣伝戦に備えることも目的の一つだった。敵の謀略宣伝の重点は何だったのか。「我国と盟邦との離間及び日ソ開戦挑発」だった。独伊との離間と日ソ戦の挑発に対抗するにはどうすべきか。米英が流布する民族戦争説を肯定するような字句（「白人」「土人」など）は使用不可、「日本を賛美する余りドイツの悪口（とならぬまでも暗喩の如きもの）をも言外することは好ましくない」ということになり、ソ連への無用の刺激を避ける必要もあった。

こうなると宣伝戦もねらいは一つだけでなければならないことになる。演芸放送においても敵はもっぱらアメリカのルーズベルト大統領だった。

たとえばある対米海外放送は、イソップ物語の「毛の抜けた兎」の寓話をもとにしていた。この話の終わりのナレーションでは「可哀想な白兎は善良なアメリカの市民であり、黒兎はアメリカの独裁者ルーズヴェルトであります。吾々は黒兎のために戦場に送られ不具となり不幸な最期を遂げた数百、数千の白兎に心から同情しなければなりますまい」と告げていた。大統領と国民を分断するのはともかくとして、このように半ば脅すようなことを言っても、効果があったようには思えない。国内に対する報道統制はそれなりに効き目があったとしても、この程度の謀略宣伝戦ではどうしようもなかったのではないか。それでも対敵演芸放送の相手は、もっぱらルーズベルト、ついでイギリスで、別の演芸放送の漫才「自慢くらべ」ではアメリカとイギリスが負けっぷりを競う内容になっていた。

敵の謀略宣伝の一つ日ソ関係の悪化は、たとえばつぎの新聞記事のように「デマ」として「一蹴」された。ソ連は「東亜」における軍事基地を連合国側に「提供するだろう」。しかしながら日ソ関係は「この種の多数のデマや疑惑の横行を乗越えて」、大きな変化もなく経過していた。

この時に限らず、日ソ関係の静謐《せいひつ》は、ソ連の対日参戦まで保持されることになる。こうして開戦から一年が経過した。

開戦から一年後の正月の新聞紙面は、真珠湾攻撃の直後の翌年一月とは異なる印象を与える。

のちに大衆小説のベストセラー作家となる山田風太郎（本名＝山田《やまだ》誠也《せいや》）は、当時、工場に勤務しながら、医学部入学をめざして受験勉強をしていた。二二歳だった。山田は元日の新聞を三紙（『朝日』『毎日』『読売』）「特に奮発して」買った。ところが「期待にそむいて、普通の日よりむしろ物足りない、無味単調な紙面」だった。

嫌な予感がした。「この平凡な紙面は、何かこの一年に於ける日本の苦闘を暗示するような気がして、いささか不安だ」。

前年夏のガダルカナルの戦いで敗走を重ねた日本軍は、この頃には撤退しようとしていた。ガダルカナルの戦いの状況は、山田のような一般市民も知っていた。山田は疑問を投げかける。

「ガダルカナル位でこの死闘ぶりでは、豪州、アラスカ攻略など、どうもおぼつかないではないか？」

山田は「大東亜戦争」の呼称に懐疑的になる。

「一体『大東亜戦争』という呼称は、最初は雄大荘厳を極めた史詩的なもののように感じられたが、今となっては、やはり平凡に『日米戦争』とでもつけた方がよかったような気がしないでもない」

開戦から一年、早くも「大東亜戦争」の目的は見失われようとしていた。

政府は世論指導に躍起となる。一九四三年六月二八日、情報局は「大東亜戦争の現段階に即応する輿論《よろん》指導方針」をまとめる。注目すべきことに、この文書は戦争目的の徹底と戦意高揚には国民に事実を伝えることが重要であると指摘して、つぎのように述べている。

「右方針の実行に当りては国民をして徒《いたず》らに感奮興起せしめんとする作為を避け事実の叙述を主眼とし国民の智情意に訴え以て感激と決意とを自ら盛上らしむるに努む」

嘘で国民を戦争に動員することはできなかった。国民が事実を伝えない政府を信用することはなかった。戦争を続けるには、事実を知り困難に正面から立ち向かう国民の下からの自発的な協力が欠かせなかった。

しかし戦況の悪化が続く。この年の四月一八日、連合艦隊司令長官山本五十六《やまもといそろく》がソロモン群島上空で戦死する。五月二九日、アッツ島の日本軍が玉砕する。

事実を伝えなければ国民の戦争協力を調達することはできない。しかし事実は敗色濃厚を伝えていた。

戦況の悪化の影響

戦況の悪化は嘘を招き入れる。あからさまな嘘ではなく、空虚な壮言と呼ぶべきだった。政府はこの年一二月一〇日に「戦時国民思想確立に関する基本方策要綱」を閣議決定する。その「方針」の一つは「大東亜建設」の重責を荷う国民の見識を養うとともに、その「実践力」を「体得」させるとなっている。

山田が「大東亜戦争」の呼称に懐疑的になっていたように、国民にとって「大東亜建設」は重荷になっていただろう。太平洋では玉砕と撤退が続いていた。日本は「大東亜」の建設どころではなかった。

この要綱のつぎの一節にも嘘が忍び込もうとしている。

「武力戦」の「局部的波瀾」に対する国民の「精神力の強靭性」を涵養《かんよう》〔養成〕すること。ここでの「局部的波瀾」とはきわめて控えめな表現で、客観的にはあいつぐ敗退を意味していた。軍事的劣勢を挽回するのが「精神力」では結末はおのずと知れる。

それにもかかわらず、この要綱は「八紘為宇《はっこういう》」（全世界は本来一つであるという戦時スローガン）の「大義」に基づいて、大東亜共同宣言における「大東亜建設」の観念の徹底を図るように求めている。

国民はそれどころではなくなっていた。すでに一年前の段階で、情報局の文書によれば、「国防生産力」は「低下」して国民の貯蓄も「鈍化」する「兆」がある一方で、国民は「現実に迫り来る」困苦や欠乏感に対して「焦慮《しょうりょ》」している（苛立ち気をもんでいる）感じがあることを認めている。

この一年で国民生活の困窮が進んだ。山田は一年前（一九四二年）との比較を日記に記している。

昨年は探せば紙質のいい日記帳があった。今年は日記帳のようなものが見当たらなくなった。昨年は米にトウモロコシが入っていたものの、「量的にはさほど不足と思わなかった」。対する今年は「ほとんど我慢が不可能」で、「一食が小さな茶碗に一ぱいだけ」だった。昨年は炭の配給が遅いと不平を言った。今年は「そんなぜいたくな不平は、口にする勇気もない」。炭は遅配どころか配給がなくなったようである。

戦況の悪化にともなう物資の不足は、不穏な社会状況を生む。当局が警戒したのは、反軍感情と共産主義思想が結びつくことだった。内務省警保局はこの頃の「不穏言動」として、つぎのように記す。

「一般的不穏言動」も「反戦反軍的感情」との結びつきが生じる傾向を示している。「我国の敗戦は必至」で「革命は目眉の間に迫りつつあり」などとの「共産主義者の計画的犯行」と認められるものもあり、「極めて注意を要する状況」である。

共産主義者に対する取り締まりは徹底していたはずだから、どこまで本当に「計画的犯行」があったかはわからない。他方でここには戦争による国内の共産化に対する過度の警戒心が垣間見られる。このような警戒心がのちの近衛（文麿）上奏文にも反映していたことはいうまでもないだろう。

味方の情報よりも敵の謀略情報を信用する

戦況は日増しに悪化していく。

一九四四（昭和一九）年一〇月、フィリピンのレイテ沖で海戦がおこなわれる。日本海軍は全兵力で出撃して、米軍の上陸を阻もうとする。この時、現地で暗号解読に従事していた人物がいる。のちに従軍体験をもとに『俘虜記《ふりょき》』『野火』『レイテ戦記』などの傑作を世に出した作家の大岡昇平《おおおかしょうへい》である。大岡はこの年の三月に教育召集が来て入営する。三ヵ月の教育召集の間に陸軍の暗号手としての訓練を受ける。その後、フィリピンに向かう。現地で暗号解読に従事する。

暗号解読に従事していたのだから、当然、レイテ沖海戦の情報も入って来る。日本の情報が湾内にいる「敵の輸送船を、わが方が攻撃中」と伝える。大岡は信じなかった。「海戦に勝ったら輸送船がレイテ沖にいられるはずがない」からである。「連合艦隊が敵を湾内に閉じ込めて、取りまいているんだという噂」だった。「そんな手間かけないでやっちゃえばいいんだ」。大岡はそう考えた。「神風が攻撃してるっていうんだけれども、これは駄目なんだな」と信用しなかった。

味方の情報は嘘ばかりだった。対する敵の情報は違った。大岡はサンフランシスコ放送を皆と聞いた。

「日本軍はイラワジ河に沿って退却しつつあります」

女性のアナウンスがそう告げた。放送の前後には「蛍の光」が流れた。謀略放送に違いない。しかし大岡は敵の情報の方を信じた。「こっちの大本営発表は、ぜんぜんおかしいんだから、向こうのいう通り、やられてるに違いない」と思った。

実際のところ、一〇月二三日に始まったレイテ沖海戦は二六日に終わる。日本海軍は戦艦武蔵などの大型軍艦の大半を失う。日本海軍は壊滅的な打撃を受けた。

大岡は捕虜になる。米軍は大岡を尋問する。大岡は回想のなかで述べる。

「まあ、いろいろなことを聞かれたんですけれど、みんなこっちよりよく知っているんですよ」

勝っている方の情報が正確だった。味方の情報でも敗けている側は敵の情報よりも乏しかった。

本土でもレイテ沖海戦をめぐる情報は、憲兵司令部によれば、空襲の「見聞」を「誇大に」あるいは「憶測を加え」た「流言」として、たとえばつぎのように「流布」していた。敵がいまだにレイテ島にいるところをみると、我艦隊は「遁走《とんそう》したのだろう」。どちらが本当だったかは明らかだろう。憲兵司令部が「流言」として退けた憶測の方が正確だった。憲兵司令部の方こそ嘘をついているのに等しかった。

フィリピン島の攻防戦の「緊迫」と「本土来襲」の「熾烈化」は「敵側宣伝謀略」の「激化」を「予想」させた。憲兵司令部は「国民の言論指導」および取り締まりに関して「格段の留意」をしなければならなくなった。

空襲時のラジオ放送

本土の空襲に備えなければならなくなった。空襲警報で嘘はつけず、事実をいち早く伝える必要があった。一九四四年二月の情報局の放送関係者に対する指示によれば、「空襲警報は特別の要求を待たないで直ちに関係各放送局より放送する」となっている。「空襲管制中は原則として放送を行わない」のはもちろんだった。

ところが放送を行わないのは「原則として」だった。警戒管制中ならば、講演や演芸、音楽などは「人心の安定と、国民士気の昂揚」に役立つので、「積極的に活用すること」と指示している。空襲警報ばかりで緊張を強いられ続ければ、恐怖心をかき立てられ、士気も下がる。

同様の観点から同年五月の関係次官会議は「戦時生活の明朗化に関する件」を申し合わせる。この文書によれば、ラジオ放送に限らず、メディア全般に関して、「芸能、文芸、放送、出版物及新聞等の内容に於ても健全明朗にして興味あり生活に潤を与うるものを一層加味するものとす」となっていた。

決戦下の世論指導

敗色が濃厚な状況のなかでの政府の世論指導は、一面では現実を受け入れるものとなっていく。一〇月の閣議決定「決戦与論指導方策要綱」は、「大東亜共栄圏」建設の戦争目的を放棄して、「皇国の自存自衛」が「絶対に必要」と唱えている。

他方で軍事力の急速な低下の現実は、神頼みを引き寄せる。この要綱は強調する。「我に天祐神助《てんゆうしんじょ》あり〔……〕一億協力大和魂を以て戦う時は必ず敵を破り得る」刀折れ矢尽きようとしていた日本は、「天祐〔天のたすけ〕」にすがり、「神助」すなわち神の助けと「大和魂」の精神力で打ち破らなくてはならなくなった。

それでも国民から戦争協力を調達するには事実を伝える必要があった。この要綱は言う。報道宣伝は「国民の忠誠心を信頼し事実を率直に知らしむる殊に戦況〔空襲を含む〕の発表は率直且迅速に之を為す」。

さらに事実を伝えるだけでは不十分だった。国民の声を政府のトップに届ける措置が講じられなければならなかった。社会の上層階級が「自ら深く反省」することで、大衆に「必勝の信念に疑惑」を抱かせてはならなかった。「国内分裂」を避け、「厭戦和平的」なものを厳重に取り締まることで、戦い続けようとした。

空襲をめぐるデマ

この頃のデマ（「造言飛語」）で多かったのは、空襲に関するものだった。この年一一月は空襲関係が最多を記録している。たとえばつぎのようなデマがあった。

一一月二九日の空襲で、「宮城の御座敷に爆弾が落ちたが被害はなかったそうだ」。このように空襲は皇居にまで及んだとのデマが飛ぶほど、日本の中心部にまで接近しているようだった。

天王山の喪失

一九四五年になると、戦況は敗戦の不可避を予想させるまでに至る。負けが込むと政府は嘘を重ねるようになる。

決戦の天王山は敗退が続き、つぎつぎと変わる。

この年初めはフィリピン島が天王山になった。ところが山田誠也（風太郎）の二月四日の日記によれば、それまでのフィリピン決戦を煽る新聞論調は一変した。昨日まではフィリピン決戦は「日米戦の天王山」で、フィリピンを断じてアメリカに渡してはならなかった。ところが今日になると新聞報道は「日本の欲するは米軍の出血、大出血なり」と変調をきたした。山田は新聞論調の変調の意味を悟る。「比〔フィリピン〕島戦の未来ついに絶望のほかなきか」。山田は憤る。「政府なお国民を欺かんとするや」。

フィリピン決戦の目的が「敵の出血」などとはそらぞらしかった。ガダルカナル島からサイパン島に至るまで、後退を続けながら、それでも国民の「奮起を喚起」しても国民が「奮起」しないのは、「政府のお茶濁し的」のせいだった。山田は二日後の二月六日の日記に「米軍先鋒マニラに突入す」と記した。

それでも二月の新聞論調は現実を直視しなかった。フィリピン決戦がだめならば、つぎは沖縄決戦だった。憲兵司令部の予測によれば、沖縄戦が不利に陥った時の民心に与える「反動的影響」はきわめて深刻なものとなりそうだった。それにもかかわらず、新聞の報道は「戦局我に有利に転換しつつあり」と安易な気持ちを抱かせるものが比較的、多かった。このような沖縄戦に一縷《いちる》の望みをかける楽観的な報道とは対照的に、この月のデマの内容から判断すると、民心は「相当悲観的」になっていた。

たしかに悲観的だった。この月のデマ（「造語」）で「日本の敗戦必定なり」とするものがあった。他方で敵の上陸後、支配下に置かれても、日本は過酷な扱いを受けることなく厚遇されるだろうとの「悪質」なデマが各地の一般大衆層に発生していた。

憲兵司令部からすれば「悪質」なデマであっても、案外、本当のことを言い当てていたのかもしれない。

米軍の伝単

いくつもの天王山で敗退を続け、「絶対国防圏」はすでに失われ、本土空襲が激しくなっていく。山田は空襲に関する大本営発表を信じなくなった。

二月一〇日、群馬県の太田市が大空襲に見舞われた。太田市は戦闘機を製造する中島飛行機株式会社の本拠地だった。大本営は「若干の被害あり」と発表した。山田が真に受けることはなかった。「大本営が『若干』と発表するほどなれば相当のものならん」。

山田は従業員が五万人もいる中島飛行機のことだから、「死傷者も多からん」と推測した。空襲の際に空から降って来るのは爆弾、焼夷《しょうい》弾だけではなかった。米軍はこの年の二月から宣伝ビラ（伝単）を散布するようになった。

この伝単に関して、今日ではつぎのことがよく知られている。

当局は国民に対して、伝単は敵の謀略であると注意を促していた。伝単は拾って持ち帰ることが許されなかった。見つければ警察に届け出ることになっていた。それでも国民の約半数が直接的に、あるいは人づてに間接的に伝単の内容を知っていた。この年（一九四五年）二月から敗戦の日まで約四六〇万部の伝単が空から降ってきた。

いくつもの伝単のなかでもっとも効果があったのは、攻撃目標と予定日を事前に通告するものだった。なぜ効果があったか。この種の伝単の内容に嘘はなく、本当だったからである。空襲はこの伝単の予告どおりにおこなわれた。これほど信憑《しんぴょう》性の高い対敵宣伝はなかった。

たとえば七月一七日の九州・大分への空襲の直後、つぎは二二日との伝単が降ってきた。別府市のある女性は「大分をやる時も一六、七日頃は必ずやる。お見舞申すとビラが撒れて居たので皆覚悟して居たが然し自分等が見たのではなく人のデマと信用せずに居たらほんとうでしたので『ビックリ』しました。今月の二十六、七日頃が別府も最後の町と思います」と手紙に記している。

「敵国放送」

国民にとって皮肉なことに、信頼できる情報は敵国の伝単や自宅の短波受信機によって聴取する「敵国放送」の内容だった。たとえば憲兵司令部は、検挙のうえ送致した事件として、つぎの事例を記録している。

静岡市に居住する芝浦電機富士工場の職員「宮崎政登」（二〇歳）は、一九四三（昭和一八）年五月から一九四五年三月までの間に、短波放送を聴取した結果をつぎのように職場の同僚に漏らした。

東条《とうじょう》（英機《ひでき》）首相は「天皇陛下の御裁可なく」国民を無理やり戦争させた。日本の空襲被害の発表は「軽微」と言っている。しかし「皆出鱈目《でたらめ》」だ。マニラ湾の制海権は敵に奪われている。ベルリン市街は破壊され尽くして、「建物は一つもない」。当局は「敵側放送を聴取し更に自己の憶測」を加えて流布したと指摘している。

しかしこの憶測はまちがいではなかった。そうだからこそ当局は、このような「敵性情報の聴取による軍不信及厭戦的造言」に対して、「厳戒を要する」と注視した。

「戦局悲観」と「和平希求」

敵側から詳細な事実が伝わるにつれて、デマは「戦局悲観」と「和平希求」が増えてくる。「戦局悲観」のデマとはたとえばつぎのようなものである。

フィリピン島の日本兵は鉄砲もなく、着る服もなく、裸のまま竹槍一つで戦っている。また片眼がなく片耳が聞こえなくても第一線へ出なければならないほど兵隊が足らず、苦戦しているそうだ（三月二日、石川県、男性）。

「和平希求」のデマとはたとえばつぎのようなものである。

戦うほど苦しくなるから、早く講和せよ。フィリピン島を渡し「支那より撤兵」すれば、良いのだ（三月一二日、東京都、男性）。あるいは「停戦協定中なり」とする戦意を失わせるようなデマも各地に流布されるようになった。

翌四月になると、沖縄戦の開始と空襲の拡大にともなって、「戦局悲観」あるいは「敗戦必至」のデマが増える。

たとえばつぎのようなデマである。

「『中枢部』ではもう戦を投げて無条件降伏をなすべく準備しているそうだ」（四月二二日、広島県、男性）

あるいはつぎのようなデマもあった。

「どうせこの戦争は私たちが如何に力を入れても駄目だ。近く本土に上陸して来て男は皆殺されるのだから、今のうちに美味しいものを食べておけ」（三月中旬から四月中旬にかけて、大分県、男性）

「自棄的造言」と「安逸的造言」

五月になると、四月からの沖縄戦の絶望的な戦いや日本全土の空襲、ドイツの無条件降伏によって、世論の「悲観的動向」が著しく「濃化」する。

ヒトラーのドイツと同じ運命に陥るとの不安は、「敢闘精神」（勇敢に戦う精神）を失わせ、国民の「総力結集を阻害」するような「自棄的造言」（捨て鉢なデマ）が増加する傾向を示すようになった。他方でソ連との「外交好転せり」あるいは「和平到来近し」などの「架空の安逸的（何もしないで気楽に過ごす）造言」も発生した。

戦況の決定的な悪化は別のタイプの「造言」も生む。戦争の「責任の糾明」を求めるものや敗戦後の「保身策」に関する「造言」もあった。

「自棄的造言」とはたとえばつぎのようなものである。

「今度の戦争は負けるから一生懸命働いてもつまらぬ。今のうちに無条件降伏した方がよい」（大分県、男性、四九歳）

この件は警察事件として送致された。

つぎのような「自棄的造言」もあった。

「此の戦争は絶対に日本には勝目がない。必ず敗ける。恐らく昭和二十年八月と云う日はなかろう」（石川県、男性、四六歳）

この「造言」は嘘と片づけるにはあまりにも惜しい。予見性があったと解釈すべきかもしれない。

「安逸的造言」とはたとえばつぎのようなものである。

「俘虜〔捕虜〕の話に依れば東條さんとルーズベルトと握手したらしいから我々も近い中に帰国が出来るだろうと言って居るそうだ」（群馬県、男性）

楽観的な「造言」は悲観的な「造言」と比較してわずかな根拠もなく、希望的な観測に過ぎなかった。

対ソ関係好転とする「造言」にはつぎのような所轄署に検挙された例がある。

「最近飛行機が多くなった。〔……〕それはロシアから三千台買入れたらしい。これでロシアが日本に応援するらしい」

飛行機が増えたのも含めて、対ソ関係の好転は願望でしかなかった。

「責任の糾明」のデマは事実をこえてきびしかった。

「東條や其の重臣が『フィリッピン』や南方を我物にしようと思い戦争を始め沢山の人を殺したのだ」（石川県、男性、五五歳）

南進の結果、日米戦争になったのだから、まったくの嘘とも言い切れなかった。

「保身策」とは、たとえばつぎのような高等女学校教授（女性、三〇歳）の「造言」のことである。

「若《も》し日本が敗けたら私について来なさい。私は英語が出来るから助かるでしょう」

類似の「造言」として、「在米四十四年による崇米思想」の持ち主（男性、六三歳）のつぎの例がある。

「米国人は紳士だから日本に上陸しても我々を可愛がって呉《く》れる。日本が早く負ければ又昔の様な生活が出来る」

この「造言」は「保身策」というよりも敗戦後を的確に予見していたと解釈することができる。「崇米」ではなく、知米の立場からの楽観論というべきだろう。

対朝鮮人恐怖動向

戦時中、徴用工などで朝鮮半島から多くの朝鮮人が内地に移ってきた。「決戦時」の混乱における朝鮮人の動向に対する危惧は、隠しようもなくなった。とくに朝鮮人の密集地域においては、関東大震災の時を想起させ、「不安の惹起を恐」れるあまり、つぎのような恐怖感を助長する「造言」が散発した。

「朝鮮人が女を強姦した」「内地人を虐殺した」

より具体的には、関東大震災の際のデマと同様のつぎのようなデマが飛んだ。

「朝鮮人と言う奴は油断ならぬ奴だ。名古屋空襲の時火災を起して居る附近の家に火を付けて走り廻って居たと言うことだ、始末におえぬ奴は朝鮮人である」（五月一七日、岐阜県、男性）

ただし関東大震災の時とは異なって、警察はこのデマを飛ばした人物に他言を禁じた。

つぎのようなデマもあった。

「防空壕の中に一人の若い女が息も絶え絶えになって居たそうだ。何でも半島人（朝鮮人」が五、六人で強姦したそうだ」

このデマに対しても警察側は「指導警告」を発した。

このようなデマとは異なり、実際の朝鮮人の動向はどうだったのか。警保局保安課のこの年六月一〇日の「思想旬報」が客観的に記述している。関連個所を要約して示すと、つぎのようになる。

一九四二年一〇月から内地在住の朝鮮人に対する国民徴用が始まった。「当初杞憂したほど朝鮮人を刺激することはなく、むしろ「皇国臣民として当然の事なりとして好感を以てこれを迎え」た。応徴者は「何《いず》れも勇躍して出勤」した。しかし朝鮮人の大半は「土建其の他自由労働的性質の労働に従事し、従来相当多額の収入」を得ていたのにもかかわらず、徴用によって「急速に収入が激減」するようになった。徴用に対する「不安不信の念」が増大した。「勤労意欲も低下の傾向」が顕著となった。

要するに徴用された朝鮮人はまじめに働いたものの、収入減に直面して、勤労意欲を失いつつあったようである。

虚無感

　このような民衆のデマはどれほどの影響力があったのか。山田誠也（風太郎）の観察は鋭かった。

　一九四五年六月、山田は列車で関西に向かった。途中、福知山駅からしばらくの間、車窓の鎧戸《よろいど》を下ろさせられた。この付近で軍事施設を設営中のようだった。見ようとすればデッキから見える。鎧戸を下ろして見えなくしても、スパイ防止には役に立たない。恐れるべきは「一人のスパイにあらずして千人の無心なる日本人同士の流言か」。鎧戸を下ろさせるのは「どこそこで何を見たりとの悪意なき、為にせざる、しかもセンセーショナルの会話を防止せんがためか」。

　山田はそう自問しながらも懐疑的に自答する。

「今の日本人には、好奇心薄れたり。見ざれといわるれば、それを恐るるにはあらで、虚無的なる、無頓着なる顔して一人も見ることなし」

　もはやデマを飛ばす気持ちにもならず、敗戦必至の日本は虚無感に包まれていた。

玉音放送

この間にも戦況は日本の敗戦を不可避としていた。

六月二三日、沖縄の守備隊が全滅した。米軍の日本本土上陸作戦は時間の問題に過ぎなくなった。八月六日、広島に原爆が投下される。八月八日、ソ連が対日宣戦を布告する。翌日、ソ連軍の侵攻が始まる。同日、今度は長崎に原爆が投下される。二つの原爆投下とソ連の対日参戦は、日本政府に敗戦を受け入れさせる。八月一四日、日本政府はポツダム宣言の受諾を決定して、連合国に申し入れた。

問題は日本の降伏をどのようにして国民に伝えるかだった。そこで考え出されたのが玉音放送である。政府がポツダム宣言を受諾したにもかかわらず、軍部の一部は徹底抗戦の構えをとっていた。彼らがクーデタを引き起こすおそれもあった。一刻も早く正確にもっとも正式な内容の国家意思を伝達する手段だったのがラジオである。

玉音放送は予告された。前日の午後九時と当日の午前七時過ぎである。「重大なラジオ放送」との予告だけで、戦争終結の内容とはわからなかった。

いよいよ八月一五日午後一二時、時報のあと、ラジオが重大発表を伝える。居住まいを正して玉音放送を聴いた国民のどれほどがその内容を正確に理解できただろうか。難解な漢語交じりの詔書の意味は、ラジオの雑音のせいもあり、聴き取るのはむずかしかった。なかには重大発表の意味を対ソ開戦と誤解する人もいた。

山田誠也は玉音放送を大衆食堂のなかで聴いた。食堂の「おばさん」が山田にたずねた。

「どうなの？　宣戦布告でしょう？　どうなの？」

ここでの「宣戦布告」とはいうまでもなくソ連に対してのものだった。

山田は食堂の「おばさん」の誤解をラジオの調子の悪いことや難解な表現だったこと、あるいは降伏とは一言も言っていないことだけでなく、日本の敗戦が「信じられなかった」からと日記に記している。

山田は玉音放送の意味を理解できた。

「あれはポツダム共同宣言だ。米国、英国、蔣介石の日本に対する無条件降伏要求の宣言をいっているんだ」

食堂の「おばさん」は「く、口惜しい」と一声叫んだ。

戦争終結を知っても解放感はなかった。食堂では「みな、死のごとく沈黙している。ほとんど凄惨ともいうべき数分間であった」。

国民はおそらく勝てるとは思っていなくても、敗ける実感にも乏しかったようである。どんなに戦況が悪化しても、最後のひとりになっても戦う。そのような決意は玉音放送一つで失われた。こうして戦争は終わった。

Ⅴ章

敗戦

玉音放送を信じない人々

敗戦を告げる玉音放送を信じない人々がいた。

長崎県では憲兵隊が隊員をトラックに分乗させて、市民に伝えていた。

「本日のラジオ放送はデマ放送なり敵の謀略に乗ぜられるな軍は益々軍備を堅めつつあり」

新潟県・柏崎市の病院の病床にあったある男性は、玉音放送を聞いても信じようとはしなかった。あるいは鹿児島県・奄美《あまみ》のある村ではふたりの兵隊が郵便局長を詰問《きつもん》していた。「きさまは国賊だ。とんでもないデマを飛ばした。生かしてはおけない。ラジオの放送は敵の謀略とわからぬか」。郵便局長は玉音放送で戦争が終わったことを周囲にもらした。その方が本当だった。

広島から中国大陸に派遣されていたある部隊は、「不穏と恐怖の流言飛語に疑心暗鬼」に陥っていた。それでも「降伏を不満とし、屈従せず同志を糾合《きゅうごう》して〔寄せ集めて〕祖国を再建せん」との勢いだった。

玉音放送を謀略として信じない人々がいた背景には、八月一五日前後の徹底抗戦を呼びかける軍の宣伝ビラの撒布があった。

この日、東京・赤坂の青山四丁目付近で、陸軍将校の同乗するバイクのサイドカーからビラが撒布された。そこには「国体護持《ごじ》」のために本日八月一五日の早暁《そうぎょう》〔夜明け頃〕を期して蹶起《けっき》し、我ら将兵は全軍将兵ならびに国民各位に告げる旨、記されていた。

あるいは豊島区の要町付近では海軍の飛行機から「大日本帝国海軍航空隊」のビラが投下された。

「断乎《だんこ》として戦え〔……〕座して亡国を待つか戦って名誉を守るか」

陸軍の飛行機も一七日と一八日、東京の新宿駅上空からビラを撒布した。

「詔書は渙発《かんぱつ》せられた〔出された〕然《しか》し戦争は終結したのではない／大日本陸軍」

作家の高見順は、敗戦時、神奈川県の鎌倉に住んでいた。敗戦の翌日、高見は親類から東京の世田谷でも飛行機がビラを撒き、そこには「特攻隊は降伏せぬから国民よ安心せよ」と記されていたと聞く。翌一七日には横須賀鎮守府〔海軍の根拠地〕や藤沢航空隊なども「あくまで降伏反対」で、不穏な空気が漂うなか、「親が降参しても子は降参しない」そのようなビラが撒かれている、あるいは東京の駅にも降伏反対のビラが貼ってあって、「はがした者は銃殺する」と書いてあった旨を知る。

ビラは次々と撒布される。

この日（八月一七日）東京の三多摩地区で飛行機と自動車から撒かれたビラは、「日本に無条件降伏なし／国民よ奮起せよ」と訴えている。あるいは東京の品川駅前の京浜デパート前で撒布されたビラにはつぎのように記されていた。

「敵は天皇陛下を戦争の責任として死刑にすると放送している　これで降参が出来るか起《た》て　起《た》て〔立ち上がれ　立ち上がれ〕忠良なる〔忠実で善良な〕臣民降伏絶対反対、絶対反対」

上野駅でも下士官数名がつぎのように記されていたビラを撒く。

「同胞に檄《げき》す!!／降伏は絶対に真の平和に非《あら》ず／独逸《ドイツ》の悲惨な現状を見よ〔……〕陸海軍蹶起《けっき》部隊」

玉音放送後にもかかわらず、戦争は終わっていないかのようだった。医大生の山田誠也が同じ大学の学生十数人と激論を交わしている。そのなかのひとりが言った。

「軍は必ず起つ。必ず起つと航空隊はビラを撒きおるにあらずや〔撒いているのではないか〕」。これに応じて吾らまた馳せ参ず。敵の上陸地点がすなわち戦場なり」

軍の宣伝ビラの効果は覿面《てきめん》だった。嘘のビラを信じる人がいた。

八月二七日、山田のもとに叔父から手紙が届く。

「八月十五日、突如として重大声明の発表あり〔……〕本日ただいまより報復の準備にとりかからねばならない」

山田は翌日の日記に「叔父のような人間は今全日本に充満している」と記している。日本は八月一五日を境に、復讐戦に立ち上がったかのようだった。

敗戦直後の混乱

敗戦直後の混乱はさまざまなデマや流言飛語を生んだ。作家の大佛次郎《おさらぎ》（一八九七〜一九七三年。『鞍馬天狗』で著名な大衆作家となる。戦後は『天皇の世紀』がよく知られる）は日記に克明な記録を残している。

大佛は八月一五日の当日の日記に「世間は全くの不意打」のようで、人によっては「全く反対のよき放送を期待」する向きもあったようだと記している。午後三時の「報道」（おそらくラジオ放送）によれば、阿南《あなみ》（惟幾《これちか》）陸相が自刃した。杉山（元）前陸相も自刃と伝えられたものの、虚報らしいと大佛は記している。事実、阿南は玉音放送を聞くことなく、この日、割腹《かっぷく》自殺を遂げている。杉山が自決したのはこの日ではなく、九月一二日のことで、拳銃自殺だった。

翌一六日になっても、「依然敵数機」が入って来た。高射砲が鳴った。鎌倉の材木座付近に海軍機が飛来してビラを撒いたという。ビラは「海軍航空隊司令」の名で「降服せずあくまでたたかう」旨の内容だったようである。

鈴木（貫太郎）首相の家が憲兵に焼かれたとの伝聞もあった。参謀本部では割腹する者が続出したとのことだった。しかし大佛に真相はわからなかった。朝鮮人が乱暴したり、食料を奪取したりするのではないかと人々は怯《おび》えているようだった。アメリカ軍が明日にも上陸（それも大佛が住む鎌倉に）するらしく、「女子供を避難させる要あり」との話も聞いている。工場に来ている巡査も「デマがとめどもなく飛び処置なし」と語ったようである。

さらに一七日には神奈川県の当局による「婦女子逃げた方がいい」との告知が「誇大につたわり敵の上陸が今明日の如く感ぜられ駅に避難民殺到」の有様だったようである。翌一八日になっても、「敵機来たり高射砲戦時よりさかんに鳴る」状況だった。

大佛は八月二〇日の日記に記す。

「敵占領軍の残虐性については軍から出ている話が多い」

大佛は推測する。

「自分らが支那でやって来たことを思い周章《しゅうしょう》している〔あわてている〕わけである」

旧軍からのビラの撒布はその後も続いた。名古屋で撒かれたビラには「敵は陛下をマリアナかどこかへ拉致する、女たちは上陸軍に強姦される、国民は最後まで軍を支持せよ」とあった。

これらのビラの内容はことごとくデマだった。戦時中の軍部の嘘が暴かれていく。大佛は八月二二日の『毎日新聞』を読む。そこには長崎の惨状の写真が掲載されていた。「大本営の発表は損害は軽微なりとありしが、実は一物も存《そん》せざるような姿」だった。大佛は憤り呆れる。

「どうしてこういう大嘘を平気でついたものだろうか。これが皇軍なのだから国民はくやしいのである」

軍部への怨嗟《えんさ》は東条（英機）伝説を生む。「満洲に夫婦で逃げ、東條は殺され、女房は追返されたという説、東條が狂人を装っていると云う説、盛岡に隠れているという説」などがあった。いずれも嘘で、東条は東京にいた。

米軍が東京に到着した際に、天皇退位との風説が流れた。大佛は「発表は〔九月〕九日らしい」と記す。これも虚報だった。

進駐軍の上陸の日が迫っていた。大佛と同じ鎌倉に住んでいた作家の高見順は、鎌倉のある町の町内会長が「五歳以下の子供をどこかへかくせ、敵が上陸してくると軍用犬の餌にするから」と言いふれ歩いていたと知る。高見は取り合わない。「なんというバカバカしい、いや情けない話であろう」と日記に記すのみだった。

このデマはまったくの荒唐無稽にちがいなかった。しかし日本は有史以来、初めて占領軍を迎え入れることになったのだから、さまざまなデマや流言飛語が生まれたのもわからなくはなかった。

ジャーナリストの視点

以上のような敗戦直後の混乱は、ジャーナリストにはどう見えていたのか。以下では当時、毎日新聞社の社会部長だった森正蔵の日記から重要なエピソードを引用する。

八月一五、一六の両日、新聞は発行され、ラジオ放送も流れていた。しかし「流言は巷間に溢れて」いた。房州の沖には米軍の大艦隊が入り込んでいる。横浜に米艦が入って兵力を揚げた。どこそこが米軍の占領地域になる。別のどこそこが重慶軍（中国の蔣介石軍）の占領地域になる。これらはすべてデマだった。占領軍は日本本土に上陸していなかった。

八月二四日になると、外地の様子が伝わってくる。満州に入ったソ連軍が「略奪、暴行等の蛮行を続けている」。ハルビン、新京《しんきょう》、奉天《ほうてん》はソ連軍に占領された。旅順《りょじゅん》、大連《だいれん》にもソ連軍の空挺部隊が舞い降りてきた。北朝鮮もソ連軍がつぎつぎと押さえている。

これらの情報はおおむね本当だった。

二日後の日記にも同様の様子が記されている。

「満州の事情は大ぶんひどいらしい」

ソ連兵の暴行が伝えられる。森は軍人を非難する。

「醜態を現わしているのは、関東軍の将校たちで、いち早く三個列車を仕立てて自分たちの家族をまず避難さした。満鉄社員、満州国の日系官吏がそれに続いて家族を避難させ、取残された一般邦人がひとりさんざんな目に遭っている」。これも本当だった。

ダグラス・マッカーサーが厚木の基地に降り立ったのは、八月三〇日のことである。降伏文書の調印式は九月二日で、ここから占領が始まる。

森は日記に米兵の「蛮行」を記録する。日比谷公園で自動車を強奪された。神宮外苑で散歩していた兄妹を米兵が襲って、兄を射殺した。毎日新聞社内でも米兵が腕時計を強奪した。森の記述ぶりからすると、いずれも本当だったようである。

九月三日に森が出社して新聞を読むと、『朝日新聞』が「外人兵の日本婦女に対する暴行事件」を取り上げていた。森はこの種の事件の取り扱いには慎重を期した。人心の動揺や「一部人士《じんし》の激昂」を招くのではないかと危惧したからである。さらにこの日、日本政府の当局から新聞各社の社会部長に対して、「外人兵の暴行」をめぐって「煽情《せんじょう》的に記事を取扱わぬように」との指示があった。

九月一五日になると、『毎日新聞』は占領当局からの「押しつけ記事」である「比（フィリピン）島における日本軍の暴行」を掲載した。占領当局からすれば、「今日の日本の新聞を見るとその内容に敗戦国らしいところが些《いささ》かも現れていない」からだった。森に言わせれば、新聞にとって戦時中は受難の時代だった。「軍閥と官僚との桎梏《しっこく》（手かせ足かせ）のもとに、悩み多い歩みを続けて来た」。敗戦後、今度は「米軍の進駐下に第二の受難時代を迎えた」。

米兵の蛮行

米兵の蛮行については高見も日記に記している。降伏文書調印のその日、横浜で米兵の強姦事件があったとうわさされた。高見はこのうわさに対する反応を記録する。「敗けたんだ。殺されないだけましだ」「日本兵が支那でやったことを考えれば……」

山田誠也も米軍の蛮行について日記に記している。

「各地に米兵狼藉《ろうぜき》を極むるごとし。吾方《あがた》は『隠忍自重《いんにんじちょう》』〈がまんして言動を慎む〉と新聞伝う」

山田のナショナリズムの感情が反発する。

「何が隠忍自重なりや」

占領軍の進駐に際して、日本の政府当局が警戒したことの一つは、婦女子への「蛮行」だった。八月二二日付の内務省警保局保安課長名の通達文書「連合軍進駐に際し民心安定に関する件」には注意喚起を目的とする回覧板の文案が付されている。そこには「日本婦人としての自覚を以て濫《みだ》りに外国軍人に隙をみせぬこと」、あるいは「外国軍人が例えば『ハロー』『ヘイ』とか片言の日本語で呼びかけられても」接触を避けることと記されていた。

このような政府当局の方針は、しかしながら実際には徹底しなかった。高見が一〇月一八日の日記に、東京駅近くの濠端《ほりばた》の情景を記録している。日本人の「年若い娘」たちが米兵を囲んだり囲まれたりしていた。米兵に「いかにも声を掛けられたそうな、物欲しそうな様子」だった。彼女たちは二十歳前の「事務員らしい服装」をしていた。高見は「いやな気がした」。「嫉妬か」と自問した。

一〇月二四日には神奈川県の大船駅で高見はつぎのような情景を目撃する。

米兵と連れ立った日本の若い女がひとりで列車に乗り込む。列車が動き出すと「バイバイ」と言った。米兵は「奇声を発して」列車のあとを追った。高見のみるところ、この女は売春婦のようだった。高見は日記に記す。

「やがては素人の娘で、衆人環視《しゅうじんかんし》〔大ぜいの人がみている〕のなかで、むしろ誇らかにアメリカ兵と痴態をつくすのなどが出てくるだろう。そういう風景が珍しくなくなる時は案外早く来るだろう」

高見の予見は早くも翌月には当たる。山田が日比谷公園付近でつぎのような情景を目にしている。

「噂の通り、なるほど進駐軍がいたるところ日本娘の頸や腰に手を巻いて座っていたり歩いていたりする」

山田は噂で「女学生の時間、事務員の時間、売春婦の時間の別がある」と知る。歩きながら片言で話しては、兵士に「センキュウと発音を訂正」してもらっている。これが敗戦と占領の現実だった。

他方で警察は、おそらくは占領当局を慮《おもんぱか》って、米兵の蛮行をめぐる流言飛語に神経を尖らせていた。一〇月一日付の警視庁の「重要特異流言蜚語発生検挙表」にはつぎのような事例が記録されている。

九月一一日午後四時頃、都電の虎ノ門停留所で待ち合わせている際に、四〇歳の無職の女性が四〇歳位と一七、八歳位の女性につぎのように話した。

神宮前と青山六丁目の間で、米兵が女の子をつかまえて連れて行こうとしたところ、憲兵が来て止めたら拳銃を突きつけたので、憲兵が怒って軍刀で斬ってしまった。近所の者も手伝って、すぐ近くの穴に埋めてしまった。取り調べてみると、被疑者の女性は新聞情報程度のことしか知らず、作り話だった。この流言は広まることもなかったので、他言しないように厳重加諭《かゆ》〔改めるように言い聞かせる〕処分で済ませた。

つぎのような事例も電車を待っている時に起きた。

九月一五日午後二時頃、都電板橋区役所前停留所において、四八歳の男性が付近にいた人に放談する。

今日えらいことがあった。板橋八丁目の電車停留所で、親子三人が電車を待っていたら、米軍のトラックが止まった。米兵ふたりが女の子ふたりを「赤ん坊でも抱える様に」自動車に乗せて連れて行ったそうだ。

この流言が伝わったのは二名に止まった。またその二名とも「真実と信ぜず」、それゆえ「影響比較的薄し」と取り締まり当局は判断した。それでも科料一〇円を課し厳諭〔改めるように厳重に言い聞かせる〕の上、「放還《ほうかん》」〔釈放〕した。この程度の流言飛語であっても探査された。流言飛語によって民心が反占領当局に向くのを危惧したからだろう。

以上の事例は流言飛語だったものの、火のないところに煙は立たず、神奈川県の警察の「連合軍進駐後に於ける事故発生調査表」によれば、八月三〇日から九月五日までの一週間に「人員拉致」四名、未遂二名〔女性〕となっている。あるいは「強姦」四名、さらに殺人一名である。占領軍の兵士による蛮行は本当だった。

この点に関連して、古川ロッパが新聞報道への不信を日記に記していることに注目する。九月一一日のことである。

「新聞では、帝都進駐の米軍は紳士的で、何の事件も起らなかったと書いているが、事実は帝都でも大分《だいぶ》紛擾《ふんじょう》〔争いごと〕があったらしい。何《ど》うも下っ端の下司は、何国《いずこ》も同じらしく、兵隊という連中は皆碌《みなろく》なのはいないらしい」

古川の推測の方が正しかったようである。それでも新聞は占領当局の完全な検閲下にあったとは限らなかった。古川は三日後の日記に「新聞を見ると、米兵の強奪や暴行が日々増すらしい」と記している。それでも古川は、戦時中との比較で、占領下であっても、新聞の報道を歓迎する。九月一九日の日記は言う。

「新聞を一《ひ》と通り読む、何しろ、戦争中は嘘ばっかり書いてあったのが、今度は本当のことばかりだから、してみると、いい世の中になったものだ」

新聞の統制に関してはのちにふれる。

天皇制のゆくえ

敗戦直後のさまざまなデマや流言のなかで、際立つのが天皇制のゆくえに関するものである。

八月一七、二〇日の両日、池袋・元富士・丸ノ内の各警察署の管内の上空から、「友軍機」（味方の軍の飛行機）がビラを撒布した。「皇陸海軍」名のこのビラは、「敵は畏《かしこ》くも玉体〔天皇〕を沖縄に御移し奉るべきことを放送し来れり」。このような事実はなく、まったくのデマだった。八月一九日に上野駅付近で撒かれた「陸海軍精鋭七生義軍」のビラは、「天皇処断／皇族島流し／果せる哉マッカーサーはこの暴虐を宣言して来た」となっている。事実無根だったことはいうまでもない。

あるいは神奈川県知事名の文書「大東亜戦争終結に伴う民心の動向に関する件」は、天皇制のゆくえに関する神奈川県民の動向として、つぎのように記録している。

「皇室の御安泰即ち国体を護持し得たことは心から喜び居るも将来の見透しなきため相当不安の色あり」

天皇制のゆくえは不確かだった。

天皇制のゆくえに関して、警視庁保安課政治係が一〇月三日にまとめた文書によれば、その最大公約数的な「『デマ』的憶測」は、天皇が「戦争責任者」として譲位し、皇太子はアメリカに「遊学」する、「親米英的なる秩父宮殿下が摂政」になる、というものだった。日本は無条件降伏をした。天皇制がどうなるかはわからなかった。それにもかかわらず、デマではあっても日本の国民は天皇制の存続を前提としていたことがわかる。

デマのなかにはもっと極端な荒唐無稽のものもあった。

鳥取県の中央部と鳥取市内の一部では「天皇陛下は自害されたり」、あるいは「天皇は皇太子殿下に譲位され沖縄に行幸《ぎょうこう》された」、または「秩父宮は敵国のスパイであった為病気と名付けて軟禁せられていた」とのデマがあった。

ほかにも東京都におけるデマの例として、北越工業株式会社社長の田辺雅勇のつぎのような発言が記録されている。

「国民は日本が降伏しても天皇の御身分に付いては不変であろうとの安易感を持って居る様であるが、斯《そ》んな甘い考えで通る筈がない」

この発言をデマと決めつけることはできない。なぜならば連合国のなかにはソ連や英連邦諸国（オーストラリア・ニュージーランド）のように、天皇制に対してきびしい姿勢を示す国があったからである。

そのほかのデマがデマであることは、九月二七日にわかるはずだった。この日、天皇＝マッカーサー会見が予定されていたからである。翌日の新聞は、ラフなスタイルのマッカーサーとモーニング・コートで起立している天皇の写真を掲載した。この写真は権力がマッカーサーの占領軍にあることを示すとともに、天皇制の存続を示唆していた。

それにもかかわらず、さきの保安課政治係の作成文書によれば、この会見において、天皇は「御退位遊ばさる旨御洩しあらせられた」との憶測が「相当広範囲に亘り流布せられつつあるを看取《かんしゅ》〔見てそれと知ること〕」された。

憶測やデマであっても、国民の気持ちの幾分かは反映されている。天皇制の存続を前提としながらも、天皇は戦争責任をとって退位すべきだ、国民の平均的な意識はそうだったのではないかと推測することができる。

言論統制

さきにふれたように、古川ロッパは「嘘ばっかり」の新聞報道に対して、戦後の自由な新聞報道を歓迎した。

高見順は違った。高見は一〇月三日の日記に記す。

「アメリカが我々に与えてくれた『言論の自由』は、アメリカに対しては通用しないということもわかった」

戦時中と同様に占領下の日本にも言論の自由はなかった。毎日新聞社の社会部長森正蔵も九月一九日付の占領当局の「日本に与うる新聞紙法」を九月二五日の日記に貼付して、「取締当局の解釈如何では、どうにも出来る性質のものである」ことに注目している。要するに、検閲するのが日本の軍部から占領軍に代わったに過ぎなかった。

東条英機の責任を追及していた占領当局は、東条が三菱財閥から東京・用賀の邸宅と一〇〇〇万円の贈与を受けていたと公表した。山田誠也（風太郎）に言わせれば、そこには「事実のあいまいなるに拘わらず、がむしゃらに東条を悪漢にしてしまおうとする魂胆」が「見え透いて」いた。

　対する日本の新聞は、言論統制下にありながら、『朝日新聞』が一一月二〇日に、東条の夫人勝子へのインタビュー記事を掲載する。

「東條夫人・初めて心境を語る／辛い、世間の疑惑の眼／私が買った用賀の地所」の見出しの記事において、東条夫人は、三菱財閥からの一〇〇〇万円の贈与に関して、「東條は豪放のように見える反面事務官とでもいったような周到な注意を払う男です、その点からしても国民の不満を買うようなことはできない男だと考えます」と否定する。用賀の邸宅も「ずっと以前私がある人の世話で買い、退役後の余生に備えたもの」と説明する。

　反響は大きかった。『毎日新聞』の社会部長の森は、「なかなか良い記事で、各紙とも社会面ではこれに圧倒されている形だ」とスクープ扱いしている。このインタビュー記事は、占領下のナショナリズムの感情の芽生えだったようである。

　この年（一九四五年）の一二月から翌年の二月にかけて、ラジオ番組「真相はこうだ」が一〇回、放送されている。ベートーヴェンの「運命」をオープニング曲として始まる真相暴露型のラジオ番組は、占領当局による占領政策のプロパガンダで、日本人「洗脳計画」と極論されることがある。

ところが実際はそうではなかった。この番組で日本人が「洗脳」されることはなかった。ラジオ局には担当者のデスクに「批判、非難、攻撃の手紙」が「みるみるうちに」「山積」し、「抗議の電話が鳴りやま」なかった。「日本軍が犯した残虐的な行為にショックを受ける者」だけでなく、「戦争に疲れ切っていた心理状態ではとても聴く気になれない、と番組のスウィッチを切ってしまう者」もいた。ここにもナショナリズムの萌《ほう》芽《が》をみることができる。

占領政策のプロパガンダのラジオ番組「真相はこうだ」が日本人を「洗脳」することはできなかった。後継のラジオ番組「真相箱」は真相暴露よりも客観的な事実を装うようになった。「真相箱」は、たとえば真珠湾攻撃を「卑怯なだまし討ち」と非難することなく、日本の奇襲攻撃の成功を客観的に述べている。

それでもこの番組の評判は悪かった。作家の阿川弘之は当時を回想して、「嘘や誇張が多い。アメリカには都合のいい観方ばかりで、共産党のアジ〔アジテーション＝扇動〕

やプロパガンダに似ている。不愉快で仕方がなかった」と述べている。

占領の受容

しかし言論統制の続く占領に対する反抗が表立つことは少なかった。八月一五日に復讐戦を誓ったはずの山田誠也の叔父は、山田の九月三日の日記によれば、「降伏以来、落胆してあまり働かないそう」だった。

敗戦直後においても、八月二二日付の警視庁の報告書によれば、東京の民心は「頓《とみ》に安定に向かいつつあり」との状況で、それよりもつぎのような日本政府に対する批判の方が顕著だった。

「政府は従来嘘ばかり言っているから、今度も信用は出来ない」

敗戦前後に流布された「敗ければ男は強制労働、女は慰み者」とのうわさはうわさに過ぎなかった。占領に対する敗戦国民のナショナリズムの反発はあった。しかしナショナリズムの矛先は、占領当局よりも戦前の軍閥や政府に向けられた。「軍に対する不信蔑視の念」は強かった。

山田はこのような心象風景を想像させる市井の人々の会話を日記に記している。

「とにかく負けたってことはみじめなもんですなあ」／「でも、案外大したことなかったじゃありませんか。何しろ政府の宣伝がひどかったものねえ。男という男はみんな殺される。女はみんな黒ん坊の人身御供になるなんて」／「ほんとにアメリカの兵隊なんて親切ですねえ。〔……〕」／「よく政府もだましたもんですなあ」

山田は言う。

「明らかに、進駐軍を見得《みう》る土地の日本の民衆はアメリカ兵に参りつつある」

山田はこのような民衆を「嘲笑」したかった。しかしできなかった。「この愚衆こそ、すなわち日本人そのもの」だったからである。

占領当局と交渉した政府高官や官僚にとって、占領は思い出したくもない屈辱の記憶を刻印した。勝者に対する敗者の交渉はみじめなものだった。

対する民衆は違った。戦時中から敗戦直後まで政府の嘘に騙されたとの被害者意識は、戦勝国による占領を受容させた。占領下の嘘やプロパガンダの方が戦時下の嘘やプロパガンダよりもましだったからである。
こうして戦争は終わった。

おわりに

「軍国主義」国＝日本？

満州事変から敗戦に至る時期の日本には、今もステレオタイプ化された国家イメージが強く残っている。たとえばつぎのような国家イメージである。

当時の日本は軍国主義だった。軍部が国民を戦争に駆り立てた。言論統制下、メディアは戦争熱を扇動した。政府のプロパガンダに騙されて、国民は戦争を支持した。戦争に反対する国民は弾圧された。

このような国家イメージは、嘘をめぐる政治の歴史を振り返ると、全体の一部であることがわかる。それでは別の側面とは何か。

満州事変が勃発した当初、政府は不拡大方針だった。現地軍は国際世論が非難を強めれば、民心の離反を招くと警戒した。国内世論は移ろいやすかった。しかし不拡大方針は挫折する。立憲民政党の若槻内閣の総辞職後、つぎに成立したのは軍部内閣ではなく、立憲政友会の犬養内閣だった。

その犬養内閣は五・一五事件によって倒れる。事件の全貌が明らかになり、また軍部の世論対策の効果もあり、国民は首謀者たちに同情するようになった。犬養内閣の後継は、首相が海軍大将の斎藤実の非政党内閣だった。軍部は政治支配を強めるだけでなく、軍部内の対立を深めた。陸軍は皇道派と統制派の間で怪文書合戦をおこなうようになった。その果てに二・二六事件が起きる。国民は事件の鎮圧を望んだ。それができるのは軍部だった。

二・二六事件の翌一九三七（昭和一二）年七月七日から日中戦争が始まる。日中戦争下、言論統制は強くなったはずである。実際のところさまざまな「造言飛語」が取り締まりの対象となった。ところが「自分は支那事変に反対だ」、「戦争は嫌だ」、「軍隊に行くのは恐ろしい」などは取り締まられなかった。これらの「造言飛語」は単に「意見」であって、虚偽の事実を含んでいなかったからである。

日中戦争は日米戦争へと拡大する。戦況が優勢であれば、大本営発表は客観的な事実を伝えて国民も戦争を支持した。戦況が悪化すると、大本営発表は嘘をつくようになった。国民が信頼できる情報源となったのは、敵国の伝単やラジオの短波放送だった。敗戦必至の状況では国民はデマを飛ばす気持ちすら失って、虚無感に包まれた。

敗戦後の日本国民は占領を受容した。占領当局による嘘やプロパガンダの方が戦時中の日本政府による嘘やプロパガンダよりもましだったからである。こうして満州事変以来、断続的に続いた戦争は終わった。

嘘に騙されないために

満州事変が始まると、日中のプロパガンダ戦争も激化した。

宣伝戦の手段の一つとして活用されたのがポスターだった。善＝中国、悪＝日本の戦いとして表現する中国の排日ポスターは効果覿面だった。中国側のポスターは、日本側の当局者がほめるほどの出来栄えで、宣伝戦での中国の優位を示唆していた。

対する日本は満洲国を正当化する目的で、現地軍が新聞やラジオを統制した。この統制は国内世論の高揚には役立った。しかし諸外国、なかでも中国に対しては逆効果のようだった。中国国民政府は中国人が満洲国に参加することを「売国行為」として厳罰に処するようになった。

一九三五（昭和一〇）年になると、現地軍は華北分離工作によって中国本土に勢力の拡大を図る。華北分離工作をめぐる宣伝戦で日本側が用いたのは、「不気味なる沈黙の威圧」だった。「最後の手段」（軍事力の行使）をちらつかせながら、このような宣伝戦を展開するようでは、日中「提携」の実現は程遠かった。

日中戦争が解決しないうちに日米戦争が始まると、今度は「大東亜共栄圏」を正当化しなくてはならなくなった。日本国民に正当化する手段としてグラフ雑誌が活用された。しかし緒戦の勝利からほどなくして戦況は悪化していく。そうなると「大東亜共栄圏」どころの話ではなくなる。事実を伝えなければ国民の戦争協力は得られない。しかし敗色濃厚の事実を国民に伝えることはできなかった。

敗戦時の混乱にともなう流言飛語は、戦時中の日本の蛮行の反映だった。大佛次郎が日記に記したように、軍部は自分たちが中国でやったことを思ってあわてた。朝鮮人に怯えたり、婦女子は強姦されたりするなどのうわさには日本側に身に覚えがあった。うわさには根も葉もあった。

こうして日本の戦争は終わった。しかし第二次世界大戦後も世界では軍事紛争が頻発する。さらに今日のロシアによるウクライナ侵攻に至る。

戦争をめぐる嘘に騙されないためには、以上の歴史からどのような教訓を学ぶべきなのか。プロパガンダ情報のなかから事実を見極める。しかし「言うは易くおこなうは難し」である。コミュニケーション手段の高度な発達によって、かえって事実を見極めるのがむずかしくなっている。フェイクニュースにはファクトチェックで対抗するにしても、ファクトチェックにすらフェイクがあるようではままならない。

戦時中の日本は、中国との宣伝戦で劣勢に陥った。中国側の宣伝の手法が巧みだったからだけではなかった。宣伝戦の勝敗は宣伝方法の巧拙では決まらない。非が日本にあったからである。拡大したくなかった満州事変が拡大する。満洲国も建国される。後づけの正当化の宣伝では説得力がなかった。中国本土で戦争はしたくなかったのに全面戦争が起きる。これでは中国とともに「東亜新秩序」を建設すると宣伝したところで、中国側が受け入れることはなかった。さらに日米戦争が始まる。「大東亜共栄圏」はあとから考えた戦争目的だったから、「大東亜」の人々が「共栄圏」に集うことはなかった。

以上要するに、戦争をめぐる嘘に騙されないためには、戦争に訴えてでもその国は目標の達成を国際的に正当化できるのか、このことを判断できる歴史的な想像力を鍛えなければならない。

日本がどのように満州事変を正当化しようとしても、国際連盟は対日非難勧告を四二対一の圧倒的多数で可決した。同様に国際連合もロシアを非難する複数の決議を採択した。ロシアのウクライナ侵攻をめぐって、非がロシアにあることは明らかなのである。

参考文献

はじめに
『朝日新聞』（１９９１年1月26日・夕刊）
金子将史・北野充編著『パブリック・ディプロマシー「世論の時代」の外交戦略』（ＰＨＰ研究所、２００７年）
貴志俊彦『帝国日本のプロパガンダ』（中公新書、２０２２年）
清水幾太郎『流言蜚語』（岩波書店、１９４７年）
『日本経済新聞』（２０２２年3月18日・朝刊）
『毎日新聞』（２０２２年5月13日・朝刊）

Ⅰ章
秋山豊三郎『時局及排日ポスター写真帖』（満洲日報社、１９３１年）国会図書館デジタルコレクション
朝日新聞「新聞と戦争」取材班『新聞と戦争』（朝日新聞出版、２００８年）
井上寿一『危機のなかの協調外交　日中戦争に至る対外政策の形成と展開』（山川出版社、１９９４年）
井上寿一『昭和の戦争―日記で読む戦前日本』（講談社現代新書、２０１６年）
井上寿一『機密費外交　なぜ日中戦争は避けられなかったのか』（講談社現代新書、２０１８年）
内山芳美解説『現代史資料　40　マス・メディア統制1』（みすず書房、１９７３年）
ＮＨＫ取材班編『日本の選択7「満州国」ラストエンペラー』（角川文庫、１９９５年）

加藤陽子『満州事変から日中戦争へ　シリーズ日本近現代史⑤』（岩波新書、2007年）
後藤孝夫『辛亥革命から満州事変へ　大阪朝日新聞と近代中国』（みすず書房、1987年）
小林龍夫ほか解説『現代史資料（7）』（みすず書房、1964年）
小山俊樹『五・一五事件』（中公新書、2020年）
代珂『満洲国のラジオ放送』（論創社、2020年）
竹内夏積編著『松岡全権大演説集』（大日本雄弁会講談社、1933年）
辻田真佐憲『空気の検閲　大日本帝国の表現規制』（光文社新書、2018年）
デービッド・J・ルー（長谷川進一訳）『松岡洋右とその時代』（TBSブリタニカ、1981年）
『東京朝日新聞』（1932年5月15日・号外）
『東京朝日新聞』（1932年5月16日・号外）
『東京日日新聞』（1932年5月15日・号外）
戸部良一『外務省革新派』（中公新書、2010年）
原秀男ほか編『検察秘録　五・一五事件　I』（角川書店、1989年）
藤原彰・功刀俊洋編『資料日本現代史　8』（大月書店、1983年）
文春新書編『昭和史がわかるブックガイド』（文春新書、2020年）
毛利眞人『ニッポン　エロ・グロ・ナンセンス　昭和モダン歌謡の光と影』（講談社選書メチエ、2016年）

山口淑子『「李香蘭」を生きて』（日本経済新聞社、２００４年）
山室信一『キメラ―満洲国の肖像』（中公新書、１９９３年）
『読売新聞』（１９３２年5月15日・号外）

Ⅱ章
井上寿一『危機のなかの協調外交　日中戦争に至る対外政策の形成と展開』（山川出版社、１９９４年）
今井清一・高橋正衛編『現代史資料（4）』（みすず書房、１９６３年）
大谷敬二郎『昭和憲兵史』（みすず書房、１９６６年）
北岡伸一『〈日本の近代　5〉政党から軍部へ　１９２４～１９４１』（中央公論新社、１９９９年）
坂野潤治・宮地正人編『日本近代史における転換期の研究』（山川出版社、１９８５年）
『東京朝日新聞』（１９３６年2月26日・朝刊）
内務省警保局保安課『特高月報　昭和十年三月分』
内務省警保局保安課『特高月報　昭和十年四月分』
内務省警保局保安課『特高月報　昭和十年六月分』
内務省警保局保安課『特高月報　昭和十年七月分』
内務省警保局保安課『特高月報　昭和十年八月分』

内務省警保局保安課『特高月報　昭和十年九月分』
内務省警保局保安課『特高月報　昭和十年一一月分』
内務省警保局保安課『特高外事月報　昭和十一年二月分』
松本清張『昭和史発掘　5』（文春文庫、2005年）
松本清張・藤井康栄編『二・二六事件＝研究資料Ⅲ』（文藝春秋、1993年）
森靖夫『永田鉄山―平和維持は軍人の最大責務なり―』（ミネルヴァ書房、2011年）

Ⅲ章
粟屋憲太郎・茶谷誠一編集・解説『日中戦争　対中国情報戦資料　第1巻　昭和12年以前』（現代史料出版、2000年）
一ノ瀬俊也『宣伝謀略ビラで読む、日中・太平洋戦争　空を舞う紙の爆弾「伝単」図録』（柏書房、2008年）
一ノ瀬俊也解説『大阪毎日新聞社・東京日日新聞社発行　戦時グラフ雑誌集成　第4巻「支那事変画報」（第26輯～第37輯）』（柏書房、2019年）
井上寿一『理想だらけの戦時下日本』（ちくま新書、2013年）
井上寿一『機密費外交　なぜ日中戦争は避けられなかったのか』（講談社現代新書、2018年）
井上祐子『越境する近代7　戦時グラフ雑誌の宣伝戦　十五年戦争下の「日本」イメージ』（青弓社、2009年）

内田隆三『乱歩と正史　人はなぜ死の夢を見るのか』（講談社選書メチエ、２０１７年）
佐藤卓己『流言のメディア史』（岩波新書、２０１９年）
社会問題資料研究会編『社会問題資料叢書　第１輯　第79回配本』（東洋文化社、１９７８年）
津金沢聡広・佐藤卓己編『内閣情報部　情報宣伝研究資料　第８巻』（柏書房、１９９４年）
内務省警保局保安課『特高外事月報　昭和十二年七月分』
内務省警保局保安課『特高外事月報　昭和十二年八月分』
内務省警保局保安課『特高外事月報　昭和十二年九月分』
秦郁彦『日中戦争史』（原書房、１９７９年新装版）
波多野澄雄編著『日本外交の１５０年―幕末・維新から平成まで―』（日本外交協会、２０１９年）
『毎日ムックシリーズ　20世紀の記憶　毎日新聞秘蔵　不許可写真１』（毎日新聞社、１９９８年）

Ⅳ章
赤沢史朗ほか編『資料日本現代史　13』（大月書店、１９８５年）
『朝日新聞』（１９４２年12月６日・朝刊）
粟屋憲太郎・川島高峰編集・解説『国際検察局押収重要文書①敗戦時全国治安情報　第１巻』（日本図書センター、１９９４年）

井上寿一『論点別　昭和史　戦争への道』（講談社現代新書、2019年）
井上祐子『越境する近代7　戦時グラフ雑誌の宣伝戦　十五年戦争下の「日本」イメージ』（青弓社、2009年）
内川芳美解説『現代史資料　41　マス・メディア統制　2』（みすず書房、1975年）
大岡昇平『戦争』（岩波現代文庫、2007年）
川島高峰『流言・投書の太平洋戦争』（講談社学術文庫、2004年）
佐藤卓己『八月十五日の神話—終戦記念日のメディア学』（ちくま新書、2005年）
多川精一『戦争のグラフィズム　回想の「FRONT」』（平凡社、1988年）
辻田真佐憲『大本営発表』（幻冬舎新書、2016年）
『復刻　同盟グラフ　VOL・4　昭和17年1月～6月』（ゆまに書房、1990年）
『復刻　同盟グラフ　VOL・8　昭和19年2月～昭和20年1月』（ゆまに書房、1990年）
南博編集代表『近代庶民生活誌　第四巻』（三一書房、1985年）
山田風太郎『戦中派虫けら日記』（ちくま文庫、1998年）
山田風太郎『新装版　戦中派不戦日記』（講談社文庫、2002年）

V章

『朝日新聞』（1945年11月20日・朝刊）

朝日新聞社編『庶民たちの終戦「声」が語り継ぐ昭和』（朝日新聞社、2005年）
朝日新聞テーマ談話室編『戦争　1　体験者の貴重な証言』（朝日新聞社、1990年）
朝日新聞テーマ談話室編『戦争　2　体験者の貴重な証言』（朝日新聞社、1990年）
粟屋憲太郎・川島高峰編集・解説『国際検察局押収重要文書①　敗戦時全国治安情報　第1巻』（日本図書センター、1994年）
粟屋憲太郎・川島高峰編集・解説『国際検察局押収重要文書①　敗戦時全国治安情報　第2巻』（日本図書センター、1994年）
井上寿一『戦争調査会　幻の政府文書を読み解く』（講談社現代新書、2017年）
太田奈名子『占領期ラジオ放送と「マイクの開放」―支配を生む声、人間を生む肉声』（慶應義塾大学出版会、2022年）
大佛次郎『大佛次郎　敗戦日記』（草思社、1995年）
小宮京『語られざる占領下日本　公職追放から「保守本流」へ』（NHKブックス、2022年）
高見順『敗戦日記』（中公文庫、2005年）
古川ロッパ『古川ロッパ昭和日記・戦後篇』（晶文社、1988年）
森正蔵『あるジャーナリストの敗戦日記　1945〜1946』（ゆまに書房、2005年）
山田風太郎『新装版　戦中派不戦日記』（講談社文庫、2002年）

井上寿一（いのうえ としかず）

1956年、東京都生まれ。一橋大学社会学部卒業。同大学院法学研究科博士課程単位取得。学習院大学学長などを歴任。現在、学習院大学法学部教授。法学博士。専攻は日本政治外交史。主な著書に、『危機のなかの協調外交』（山川出版社）、『日中戦争』（講談社学術文庫）、『戦争調査会』（講談社現代新書）、『広田弘毅』（ミネルヴァ書房）、『矢部貞治』（中公選書）などがある。

戦争と嘘

満州事変から日本の敗戦まで

著者　井上寿一

２０２３年10月25日　初版発行

発行者　横内正昭
発行所　株式会社ワニブックス
〒１５０－８４８２
東京都渋谷区恵比寿４－４－９えびす大黒ビル
ワニブックスＨＰ　http://www.wani.co.jp/
（お問い合わせはメールで受け付けております。
ＨＰより「お問い合わせ」へお進みください）
※内容によりましてはお答えできない場合がございます

装丁　小口翔平＋嵩あかり（tobufune）
フォーマット　橋田浩志（アティック）
校正　玄冬書林
編集　内田克弥（ワニブックス）

印刷所　ＴＯＰＰＡＮ
ＤＴＰ　三協美術
製本所　ナショナル製本

定価はカバーに表示してあります。

ISBN 978-4-8470-6670-2
WANI BOOKOUT　http://www.wanibookout.com/
WANI BOOKS NewsCrunch　https://wanibooks-newscrunch.com/